Computer and Web Sciences Library ⑧

Webでつながる

ソーシャルメディアと社会／心理分析

土方 嘉徳 著

サイエンス社

編者まえがき

　文部科学省は 2020 年度に小学校においてもプログラミング教育を導入するとしました．これは，これからの社会を生き抜くためには，すべての国民がコンピュータとWeb（ウェブ）に関して，一定の「リテラシ」を身に付けておかねばならないという認識の表れと理解します．この Computer and Web Sciences Library 全 8 巻はそれに資するために編纂（へんさん）されました．小学校の教職員や保護者を第一義の読者層と想定していますが，この分野のことを少しでも知っておきたいと思っている全ての方々を念頭においています．

　本 Library はコンピュータに関して 5 巻，Web に関して 3 巻からなります．執筆者にはそれぞれの分野に精通している高等教育機関の教育・研究の第一人者を充てました．啓蒙書であるからこそ，その執筆にあたり，培われた高度の識見が必要不可欠と考えるからです．

　また，本 Library を編纂するにあたっては，国立大学法人お茶の水女子大学附属小学校（池田全之校長）の協力を得ました．これは同校とお茶の水女子大学の連携研究事業の一つと位置付けられます．神戸佳子副校長を筆頭に，同校の先生方が，初等教育の現場で遭遇している諸問題を生の声としてお聞かせ下さったことに加えて，執筆者が何とか書き上げた一次原稿を丁寧に閲読し，数々の貴重なご意見を披露して下さいました．深く謝意を表します．

　本 Library が一人でも多くの方々に受け入れられることを，切に願って止みません．

2018 年秋　　　　　　　　　　　　　　お茶の水女子大学名誉教授

　　　　　　　　　　　　　　　　　　　　　工学博士　増永良文

まえがき

　1990年代中ごろから一般に普及してきたWeb（ウェブ）は，従来型の携帯電話やスマートフォンの普及とともに，多くのユーザに利用されるようになりました．そして今では我々の生活になくてはならない存在になりました．ちょっとした調べ物をする時はすぐにWebで検索をしますし，ホテルの予約や日用品などの買い物もWebで行うようになりました．また，Webは単なる情報獲得ツールにとどまらず，他人と情報を共有しコミュニケーションを取るためのソーシャルメディアに発展しました．ソーシャルメディアでは実世界の友人だけでなく仮想世界で知り合ったユーザとも広く緩くつながり，ライトなコミュニケーションを楽しんでいます．また，Webは様々なアプリケーションソフトが動作可能なプラットフォームにもなりました．今や専用のパッケージソフトをインストールしてメールを読む人は少数派でしょうし，Web上の文書作成サービス上でレポートを書く人も少なくないと思います．このように，Webの使い方は多様になり，Webは現在のコンピューティング環境とコミュニケーション環境の総合的なプラットフォームとして機能しています．

　一方，学問の世界では，計算機科学（computer science）の分野を中心に，Webの情報にアクセスする手段やWebの情報を使ってコンピュータをより知的にする（すなわち賢い人工知能を作る）方法が開発されてきました．すなわち，ソフトウェアにより人々の生活を豊かにするというエンジニアリング（工学）の観点で研究が進められてきました．しかし，ほとんど全ての人が日常的にWebを

使うようになり，いつでもどこでも Web にアクセスできるようになったことで，Web に興味を持つ研究者は計算機科学の分野だけにとどまらず，社会学や心理学などの人文社会系の研究分野にも及ぶようになりました．すなわち，Web やソーシャルメディア上での人々の行動やコミュニケーションの記録（ログ）を利用し，社会現象や人の心理を解析するようになったのです．

これまで人文社会系の研究分野では，人々の行動や心理を分析するのにアンケート（質問紙調査ともいいます）やインタビューといった直接人に尋ねる方法でデータを収集していました．しかし，人のつながり全体を解析したい場合や複雑な現象（モデル）を解明するには，全数調査を行ったり，より調査対象の人の数を増やしたりする必要があります．直接人に尋ねる方法では，コストがかかりすぎて，現実的ではありません．しかし，Web やソーシャルメディアでは，ユーザの行動は全て記録されています．もちろん誰もが全てのデータにアクセスできるわけではありませんが，サービスを提供している企業の研究所では，これらのデータを用いてユーザの行動を分析し，時にその背後にある心理を推定することで，その結果をサービス改善に活かしています．すなわち，Web やソーシャルメディアに関する研究は，技術的な方法論だけではなく，人の行動や心理，また社会の動向やメカニズムに至るまで，広く対象が広がりました．

これまで，Web の技術的な側面に焦点を当てた解説書や，Web により引き起こされた個々の社会現象を人文科学的な観点から論じた書籍は多くありましたが，計算機科学における Web の役割や貢献，Web やソーシャルメディアにおけるサービスの分類体系，そし

てWebやソーシャルメディア上のデータを用いた人文社会系の研究課題への取り組みについてまとめた書籍は存在しませんでした．

本書では，Webがなぜ計算機科学の分野でこれほどまでに注目されるようになったのかについて解説し，Webが今のようなソーシャルメディアや協調型のWebサービス（多くの人々の投稿やコミュニケーションに支えられたサービス）へとどのように発展していったのかについて説明します．また，現在のソーシャルメディアと協調型Webサービスの分類を行い，それぞれの種類のメディアやサービスが，どのように人々の協調的な活動を利用したり支援したりしているのかについて説明します．また，現在成功しているWebのサービスには，どのような特徴があるのかについて解説します．その後，計算機科学と人文社会系の分野との境界領域で行われている研究事例として，ソーシャルメディア上の投稿記事から社会動向や社会モデルを解明するソーシャルメディア分析と，ソーシャルメディア上の個人の行動ログからその人の行動パターンや心理を分析するユーザ行動・心理分析について紹介します．

本書を読んでくださることで，Webやソーシャルメディアが人や社会を理解するための重要な情報源になり得ることを理解していただければ幸いです．また，本書が皆さんの将来の進路や職業選択，仕事の企画や意思決定，組織内での研修や教育に，少しでもお役に立てることを祈念しています．

2018年11月吉日

土方嘉徳

目　　次

第1章　社会に関わるWeb
－社会科学とWebの接点－　　1
1.1 計算機科学の歴史におけるWebの革新 . . . .　2
1.2 Webがもたらした二つの革新 . . . .　7

第2章　人と交わるWeb
－ソーシャルメディア概論－　　12
2.1 Webとソーシャルメディアの発展 . . . . 　13
 2.1.1 Webの誕生（1989～1994年） . . . . 　16
 2.1.2 Webの商用利用の始まり（1995～1999年）. . 　16
 2.1.3 Web2.0時代（2000～2006年） . . . . 　17
 2.1.4 ソーシャルメディアの本格的普及
   （2007～2018年） . . . . 　19
2.2 ソーシャルメディアとは . . . . 　23
 2.2.1 コミュニケーション媒体の発展 . . . . 　23
 2.2.2 ソーシャルメディアの定義 . . . . 　25
 2.2.3 協調型Webサービスの定義 . . . . 　28
2.3 ソーシャルメディア・協調型Webサービスの分類 . . . 　30
 2.3.1 検索エンジン . . . . 　30
 2.3.2 インターネット掲示板 . . . . 　31
 2.3.3 口コミサイト . . . . 　32
 2.3.4 ブ ロ グ . . . . 　33
 2.3.5 共同編集型百科事典 . . . . 　34

2.3.6	ソーシャルブックマーキング	35
2.3.7	画像・動画共有サービス	36
2.3.8	SNS	38
2.3.9	マイクロブログ	41
2.3.10	キュレーションメディア	43
2.3.11	レコメンデーション	44

第3章　協調プラットフォームとしてのWeb
　　　　　−集合知とWeb2.0−　　　　　　　　　　　　　**46**

3.1	集　合　知	47
3.1.1	Webと意思決定	47
3.1.2	集合知とは	49
3.1.3	群衆の英知とは	50
3.1.4	群衆の英知を形成する条件	51
3.2	Webと集合知	54
3.2.1	Web2.0とは	55
3.2.2	Web2.0以前	56
3.2.3	Web2.0の特徴	57

第4章　社会を映すソーシャルメディア
　　　　　−ソーシャルメディア分析−　　　　　　　　　　**65**

4.1	スモールワールド実験	66
4.2	実ネットワーク分析	69
4.2.1	グラフ理論の基礎	69
4.2.2	スモールワールド性に関する評価指標	71
4.2.3	無向グラフの分析	72

	4.2.4 有向グラフの分析	76
4.3	社会イベントの検出	79
	4.3.1 ニュースの検出	80
	4.3.2 実世界イベントの検出	85

第5章　個人を映すソーシャルメディア
－ソーシャルメディアにおけるユーザ行動・心理分析－　　89

5.1	コミュニケーション様式の変革	90
5.2	利用目的（意図）	92
	5.2.1 投稿ごとの目的	92
	5.2.2 ソーシャルメディア全体の利用目的	94
	5.2.3 企業利用における目的	97
	5.2.4 利用目的に関する文化間比較	99
5.3	感　　情	101
	5.3.1 ニュースフィード制御の影響	101
	5.3.2 天気の影響	102
	5.3.3 他人の感情の影響	103
5.4	パーソナリティ（性格・人格）	105
	5.4.1 パーソナリティとビッグファイブ	105
	5.4.2 パーソナリティと利用意思	106
	5.4.3 パーソナリティと友人数	108
	5.4.4 パーソナリティとユーザ行動	109
5.5	うつと妬み	111
	5.5.1 うつとソーシャルメディア上の行動	111
	5.5.2 妬みとソーシャルメディア上の行動	112

あ と が き	114
参 考 文 献	117
索　　引	127

UNIXは，米国X/Open Company Ltd.が独占的にライセンスしている米国ならびに他の国における登録商標です．
その他，本書で使用している会社名，製品名は各社の登録商標または商標です．本書では，®と™は明記しておりません．

サイエンス社のホームページのご案内
http://www.saiensu.co.jp
ご意見・ご要望は　rikei@saiensu.co.jp　まで．

1 社会に関わるWeb
－社会科学とWebの接点－

　Web（ウェブ）は計算機科学（computer science）[♠1]という学問分野で扱う技術の一つですが，その普及と発展に伴い，Webは計算機科学の分野にとどまらず，より広い学問分野に関連するようになってきました．また，Webは計算機科学の分野そのものにも影響を与え，計算機科学における研究の本質は，処理の方法論にあるのではなく，実世界や実社会に存在するデータからいかに価値のある発見を行うかに移りつつあります．それらの発見には，Web上で行動した人間の認知や心理の状態であったり，人々の行動から推察される社会動向であったり，いくつかの社会動向の事例を一般化した社会モデルであったりと，コンピュータ外の知見が含まれます．すなわち，計算機科学はこれまでにないほど，人文社会科学，とりわけ社会科学の研究内容に近くなってきました．これは奇しくも，日本を含む先進諸国が，単に優れた技術の開発を追い求めるだけではなく，それを有効に活用するサービスに注目するようになったのと，同じ時期に起こり始めました．本章では，なぜ計算機科学が社会科学に近い内容を扱うようになっていったのか，その歴史を振り返ってみたいと思います．

[♠1] 日本では「情報科学」や「情報工学」とも呼ばれます．

1.1 計算機科学の歴史における Web の革新

　コンピュータがこの世に誕生してから 100 年近くが経ちます．コンピュータの発明はいつだったのか，誰によるものであったのかは，議論の分かれるところですが，現在のコンピュータにつながる電気式の計算機としては，第二次世界大戦前後に発明されたものを起源とするのが一般的です．1941 年にドイツでコンラート・ツーゼ（Konrad Zuse）によって開発された Z3[1] や，1946 年にアメリカでジョン・モークリー（John William Mauchly）とジョン・エッカート（John Presper Eckert）らによって開発された ENIAC[2] が，コンピュータの起源として有名です．

　この 100 年の間に，コンピュータの世界（計算機科学）では，いくつかのパラダイムシフト♠2 がありました．コンピュータが発明された当初は，コンピュータは砲弾の弾道や魚雷の発射角の計算などの軍事目的で利用されていました．しかし戦後に，最初の転換点が訪れます．それは，1956 年にイギリスで行われた**ダートマス会議**です．この会議により，コンピュータによる知能の実現が提案されました．これにより，コンピュータが，ただの計算を行う機械ではなく，高度な推論や推定を行う知的マシンになりました．このようなコンピュータは，**人工知能**（**Artificial intelligence**）と呼ばれるようになりました．また，1960〜70 年代に開発が進められた**データベースシステム**も，一つの転換点をもたらしたといえるでしょう．

　♠2 その時代や分野において当然のことと考えられていた認識や思想，価値観など（このことをパラダイムといいます）が劇的に変化すること．本書では，それが起きた時点を「転換点」と呼びます．

1.1 計算機科学の歴史における Web の革新

それまでは，コンピュータの利用は軍事や科学計算に限られていましたが，大量のデータを扱うビジネス利用にまで広がりました．事実，1969 年に IBM のサンノゼ研究所のエドガー・コッド（Edgar Frank Codd）が発明した**リレーショナルデータベース**[3] は，現在のビジネスシステムの核となる技術になっています．

データベースシステムの次に起こった転換点は，1980 年前後にブームになった**エキスパートシステム**の開発でしょう（実際には，1970 年代から研究は進められてましたが，産業界で注目を集めたのは 1980 年前後であったといえます）．これは，それまでは限られた世界で限られたルールに支配された問題（例えば，8 パズルや 8 クイーン，チェッカーなどのパズルやゲーム）しか扱えなかった人工知能を，より現実的な業務に適用しようとする試みでした．データベースの発明により，人工知能の分野においても，その実用性が意識されたのです．エキスパートシステムは，コンピュータに蓄積した知識を用いて，特定領域の問題（実用的な問題）を解くシステムです．医療診断を行う Mycin というシステム[4] や，顧客の要求に基づいてコンピュータシステムの機器構成を自動的に選択する XCON（学術論文では R1 という名称が使われています）[5] が有名です．

しかし，このようなコンピュータの実用問題への適用には，その知識の蓄積（入力）を人手に頼っていました．また，それゆえに特定の領域（ドメイン）の問題しか解けないことも問題になっていました．コンピュータに入力する知識をドメインに依存せず，人の実社会や実生活における多くの知識を扱うことを目的に，世の中の常識を集めてデータベースとする Cyc というプロジェクト[6] も立ち

上がりました.しかし,このプロジェクトも,その知識の入力を人手に頼っており,収集できる知識の量には限界がありました.

このような流れの中,計算機科学の中での最大のパラダイムシフトが起きたのは Web の誕生です.特に,直近の 20 年における計算機科学(特に人工知能研究分野)におけるホットトピック(旬の話題)は,Web 関連技術にあったといえるでしょう.**Web** は,1989 年にティム・バーナーズ＝リー(Tim Berners-Lee)により分散型の情報共有システム(ハイパーテキスト)として開発されました[7].**ハイパーテキスト**とは,情報を文書という単位で管理し,文書中に他の文書への関連(リンク)を埋め込み,文書から文書へ次々と渡り歩いて閲覧できるようにしたシステムです(図 1.1 参照).Web は,当初「World Wide Web」と呼ばれていました.ちょうど,文書と文書のつながりが,蜘蛛の巣に似ていることから,そのように名づけられました.当初はこの省略語である「WWW」という言葉も多く用いられましたが,現在では単に「Web」と呼ぶことが多いです.

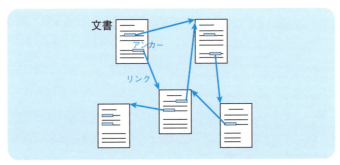

図 1.1 ハイパーテキストの構造

Webはインターネットプロトコル（インターネット上で通信を行うための規約）を利用したシステムであったため，世界中の研究者によって利用されることになりました．1995年に爆発的な人気となったオペレーティングシステムWindows95が，ネットワークへの接続機能を充実させていたため，一般の人にもインターネットとWebの利用が広がっていきました．

Webがコンピュータの歴史の中で最大の転換点であるといえるのは，不完全ながらもコンピュータが初めて大量の知識を持つことができた点にあります．エキスパートシステムに代表されるそれまでの人工知能技術は，誰かが知識をコンピュータに入力する必要がありました（図1.2参照）．しかも，実用的なシステムとして構築しようとすると，コンピュータが扱いやすい形式（多くの場合，IF-THENルールと呼ばれるルール形式であったり，オブジェクトに対する属性-属性値の形式であったりする）で知識を入力する必要がありました．一般にこのような形式は**機械可読**な形式と呼ばれます．機械であるコンピュータには明確でわかりやすい形式ではありますが，これを人が入力するとなると，大変手間がかかり，時間

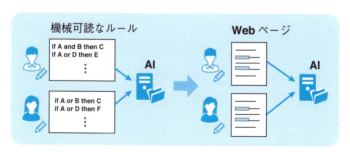

図 1.2 Webによる計算機科学のパラダイムシフト

もかかります．また，そもそも人には理解がしにくく，機械が理解しやすい形式で入力するというのは，あまりモチベーションが湧く作業であるとはいえません．

さらに，上でも述べましたが，多くのエキスパートシステムは，ある特定のドメインについては知識を備え，問題に対する答えを導き出すことができましたが，任意のドメインでこのような問題解決を行うことができませんでした．なぜなら，任意のドメインで実現しようとすれば，人間社会に存在するありとあらゆる知識を入力する必要があるからです．人工知能の研究分野では，誰がこの入力作業を行うのかという問題が解決できずにいました．特にエキスパートシステムの分野では，この問題は**知識獲得のボトルネック**と呼ばれています．

これに対してWebでは，人々は自分自身の言葉（自然言語）で思い思いに情報を発信します．人にとって，機械がわかる形式で知識を入力するのは苦痛ですが，自己表現や人とのコミュニケーションのために情報発信を行うことは，むしろ快楽であるかもしれません．そのため，人工知能の開発者や管理者が，人に頭を下げてお願いしなくても，大量の情報がコンピュータに記録されるようになりました．もちろん人が自然言語で思い思いに書いた情報ですから，それをそのままコンピュータが理解できるわけではありません．それでも人間社会に存在する大量の知識や情報がコンピュータに記録されるようになったことは，最大の革新であったといえます．

1.2 Webがもたらした二つの革新

　Webの誕生がコンピュータの歴史の中で最大の転換点であると述べたのは，本原稿を執筆している2018年の段階で，過去四半世紀にわたり計算機科学の研究分野において，Webは常にホットトピックであり続けたからです．これほど長い期間にわたり，最先端の研究テーマであり続けたのは，Webには二つの観点で大きな革新があったからだと思われます（図1.3参照）．

　一つは，1.1節でも述べたように，Webは人々に情報発信の障壁を取り除き，誰もが自由に新しい知識やニュースを報告できるようにした点にあります．人々は自然言語で情報を記述するので，それらをそのままの形式で人工知能の知識（知識ベースとも呼ばれます）にすることはできません．しかし，自然言語処理の技術の進歩とともに，人が自然言語で書いたテキストデータは，ある程度自動的に機械可読な形式に変換できるようになりました（図1.4参照）．一

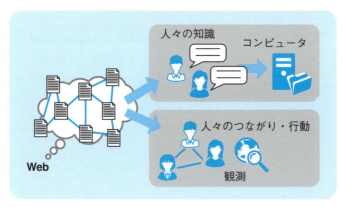

図1.3 Webがもたらした二つの革新

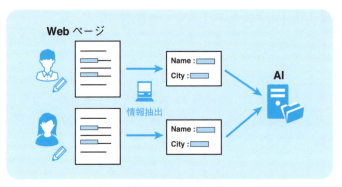

図 1.4 Web からの情報抽出

般ユーザによる情報や知識の提供は，Blog や Wikipedia を始めとする集合知メディアの実現とともに加速されることになりました．このような Web サイトは Web2.0 と呼ばれました[8]．これにより多くのドメインにおける知識をコンピュータに取り込むことができるようになり，近年では IBM の質問応答システム Watson[9] に見られるように，人工知能は人間のクイズ王を打ち負かすほどの性能になりました．これが一つ目の Web の革新です．

二つ目は，Web は人々の実生活の記録とそこでの人間関係を，コンピュータシステム上に持ち込んだ点にあります．2000 年代の後半になると，Twitter や Facebook に代表されるソーシャルメディアが登場しました♠3．これらは新しいスタイルの Web といえ，写真や動画などのマルチメディアコンテンツの投稿を容易にし，友人

♠3 実際には，2000 年代の前半から，Friendster や MySpace, mixi といったソーシャル・ネットワーキング・サービスが開始されていましたが，一般の多くのユーザが使うようになったという点でいうと，2000 年代後半が本格的な普及の起こった時期だといえます．

の投稿に対してワンクリックで反応を返せるようにしました．これらにより誰でも手軽に情報発信ができるようになり，他の人と交流ができるようになりました．また，従来型の携帯電話に加えてスマートフォンの普及とともに，真の意味で一般ユーザが情報発信を行うようになりました．例えば，日本の Twitter ユーザ数は 4500 万人に達し，世界の Facebook ユーザ数は 20 億人に達するという推計データもあります（それぞれ 2017 年 10 月と 6 月の推計結果，ソーシャルメディアラボ調査）．人々は，実世界に情報端末を持ち出し，そこで起こった出来事や感じたことをソーシャルメディアに投稿するようになったため，社会や実世界で起きていることがコンピュータに記録されるようになりました．

このことは，それまでコンピュータという箱の中に閉じていた計算機科学の研究分野を大きく広げることになりました．特に，社会現象の実態やその発生メカニズムを解明しようとしてきた社会学において，Web は貴重なデータ資源になることになりました（ソーシャルセンサとも呼ばれる）．社会学においては，社会の特性やモ

図 1.5 スマートフォンとソーシャルメディアの登場による質問紙調査から行動ログ解析への変化

デルを解明する手法を，人々の意識や行動などの実態を捉える社会調査に頼っていました．この社会調査は質問紙法や面接法によって行われるのですが，この方法で調査対象となる人の数には限りがあり，調査規模がボトルネックとなっていました．このボトルネックから解放されることは，調査の信頼性や一般性の向上という点で大きな意味があります（図 1.5 参照）．これが二つ目の Web の革新です．

　本書では，特に二つ目の Web の革新に注目し，Web やソーシャルメディアの世界で何が起きているのか，またこれらは社会学や経営学などの社会科学の分野全体に対して，どのような意義があるのかについて，述べたいと思います．例えば，人は社会生活を営むにあたり，誰かと知り合いになり，またその知り合いは他の誰かと知り合いになっています．人と人とのつながりは，大きなネットワークになっているはずです（本書では，個体と個体がつながった，そのつながりの全体をネットワークと呼びます）．社会学の分野では，人の社会的なつながりが古くから研究対象とされてきましたが，その全容は今まで解明されていませんでした．

　また，経営学，特にマーケティングの分野においては，今世の中で何が流行りだしているのかをいち早く知る必要があります．しかし，社会全体の声を聞くことは，容易なことではありませんでした．毎年，年末になると発表される流行語大賞や，その年の漢字なども，多くの人々にアンケートすることで初めてわかるものでした．しかし，アンケートにはコストがかかりますし，世の中全体の声を反映させたものにするには，地域や世代，性別などに偏りがないように無作為抽出する必要があります．人々の交流や情報発信のプラット

フォームであるソーシャルメディア上のデータを用いれば,社会動向や人々の流行を一早く捉えることができる可能性があります.

本書では,Web とソーシャルメディアの歴史およびソーシャルメディアの種類について(2 章)と,集合知の考え方から見た協調プラットフォームとしての Web について(3 章),Web やソーシャルメディアを用いた人々のつながりと社会イベントの検出について(4 章),ソーシャルメディア上の人々の行動と心理の推定について(5 章),紹介します.

2 人と交わるWeb
－ソーシャルメディア概論－

　Webは従来のコンピューティング環境に変革をもたらし，人と人とが交わるプラットフォームであるソーシャルメディアに進化してきました．それでは，Webはどのように発展してきて，現在のようなソーシャルメディアに進化してきたのでしょうか？ また，人と人とがつながるといっても，そのつながり方には多様性があります．直接に相手にメッセージを送るようなサービスもあれば，不特定多数のユーザに見てもらうためにコンテンツを投稿するサービスもあります．また，複数人で社会にとっての公共財産になるような一つの著作物を構築するようなサービスもあります．いったい，ソーシャルメディアにはどのような種類があるのでしょうか？ また，そもそもソーシャルメディアとは何であり，どのように定義されるのでしょうか？ 本章では，Webとソーシャルメディアの発展の歴史を概観した上で，ソーシャルメディアとそれをより一般化した概念である協調型Webサービスの定義を行います．さらに，ソーシャルメディアと協調型Webサービスの分類を行い，具体的なサービスについて紹介します．

2.1 Webとソーシャルメディアの発展

　Webは，インターネット上に文書（ページ）を載せ，他のユーザにそれを見てもらうことができるようにしたシステムです．Webは，インターネット環境におけるハイパーテキストシステムとみなすことができます．Webでは，ページ同士をリンクでつなぐことで，ページからページへと閲覧することができます．このような閲覧を，波から波へと渡るサーフィンになぞらえて，ネットサーフィンと呼ぶようになりました．それまで人々は，与えられた書物を最初のページから最後のページまで順番に読むことで情報獲得をする必要がありましたが，Webは人々に自由な順序での情報獲得を許すという新しい情報閲覧のパラダイムを提供することになりました．これは，人々に大きなインパクトを与えることとなり，社会に普及し，進化・発展を遂げることになりました．さらに，Webは単なる情報提供のアプリケーションにとどまらず，人々がコミュニケーションを行うプラットフォームに進化しました．すなわち，その進化の結果，ソーシャルメディアという新しい形態のメディアに行きつきました．ここでは，Webとソーシャルメディアの発展の経緯を紹介します．

　Web誕生から現在（本原稿を執筆している2018年）までの年表を表2.1と表2.2に示します．以降の項では，その歴史を，四つの時代に区切って追っていきます．

表 2.1 Web とソーシャルメディアの歴史（1990 年代）

年	出来事
1989	World Wide Web（Web）の考案
1991	インターネット上での Web の稼働
1993	Web ブラウザ Mosaic リリース
1994	Web ブラウザ Netscape Navigator リリース e-commerce サイト Amazon.com 開設 ディレクトリサービス Yahoo! 開設 検索サイト Infoseek 開設
1995	オペレーティングシステム Windows95 発売 Web ブラウザ Internet Explorer リリース 検索サイト LYCOS, Excite, AltaVista 開設 協調支援ソフトウェア Wiki リリース オンラインオークションサイト eBay 開設
1996	推薦エンジンを販売する Net Perceptions 設立
1997	Web メールサービス Hotmail 開設 e-commerce サイト楽天市場（日本）開設
1998	検索サイト Google 開設
1999	大規模掲示板 2 ちゃんねる（日本）開設

表 2.2 Web とソーシャルメディアの歴史（2000 年代以降）

年	出来事
2000	ブログの流行
2001	インターネット百科事典 Wikipedia 開設
2002	SNS Friendster 開設
2003	SNS Myspace, LinkedIn 開設 Web ブックマークサービス del.icio.us 開設 インターネットテレビ電話 Skype 開設
2004	SNS mixi（日本），Facebook 開設 写真共有サービス Flickr 開設 レストラン口コミサイト Yelp 開設
2005	動画共有サービス Youtube 開設 Q&A サイト Yahoo! Answers 開設 レストラン口コミサイト 食べログ（日本）開設
2006	動画共有サービス ニコニコ動画 開設 マイクロブログ Twitter 開設
2007	マイクロブログ Tumblr 開設
2009	位置情報 SNS Foursquare 開設 コミュニケーションツール WhatsApp Messenger 開設
2010	画像共有サービス Instagram, Pinterest 開設 Q&A サイト Quora 開設 タクシー配車サービス Uber 開始
2011	SNS Google+, So.cl 開始 コミュニケーションツール LINE 開始
2014	短編動画共有サービス musical.ly 開設
2016	短編動画共有サービス Tik Tok 開設

2.1.1 Webの誕生（1989〜1994年）

Web（World Wide Web）の起源は，1989年に欧州原子核研究機構（CERN）のティム・バーナーズ＝リー（Tim Berners-Lee）により，分散型の情報共有システム（ハイパーテキスト）として提案されたのが起源です[7]．そして1990年に，バーナーズ＝リーは，CERNの組織内ではありましたが，NeXTというワークステーション（高機能なコンピュータ）上に，最初のWebページを置きました．これが世界で初めてのWebです．また，バーナーズ＝リーは1991年に，インターネット上でWebサーバ（httpdと呼ばれるWebをインターネットで公開するソフトウェア）を立ち上げました．これが真の意味で（世界中の誰もがアクセス可能であるという意味で）Webの起源だということもできます．CERNはWebを誰でも無料で利用できるようにしたため，多くの人々に利用されるようになりました．

2.1.2 Webの商用利用の始まり（1995〜1999年）

Webは，公開して間もない頃は，主に大学の研究者やエンジニアを中心に利用されてきました．しかし，1993年にMosaic，1994年にNetscape Navigatorというグラフィック機能に優れたWebブラウザ（Webページを閲覧するソフトウェア）がリリースされ，1995年にネットワーク機能に優れたWindows95というOS（オペレーティングシステム）が発売されたことで，一般の人々にも使われるようになりました．1994年には，e-commerce（電子商取引）サイトのAmazon.comや，ディレクトリ型検索サービスのYahoo!，検索エンジンのInfoseekが開設されました．1995年には，

インターネット関連サービスの設立ラッシュを迎え，検索エンジンの LYCOS, Excite, AltaVista, オンラインオークションサイトの AuctionWeb（eBay の前身）などが開設されました．また，1990 年代後半までに，Web メールサービスの Hotmail, 検索エンジンである Google, MSN サーチ（現，マイクロソフトによる Bing），推薦エンジン（お薦めの商品を提示するための基盤ソフトウェア）を販売する Net Perceptions が開設／設立されました．日本では大規模掲示板の 2 ちゃんねる，e-commerce サイトの楽天市場などが設立されました．この他にも，中小を合わせると数えきれないほどのインターネットサービスが立ち上がり，現在の主要な Web サービスは，ほぼこの 5 年間で出そろったといえます．

2.1.3 Web2.0 時代（2000〜2006 年）

1990 年代後半は，インターネット関連企業が次々と設立され，それらの企業に対する株式市場からの期待も非常に大きいものでした．そして，株式市場が期待をしすぎたために，インターネット関連企業の株価もうなぎ上りに高くなっていきました．これは，インターネットバブルとして知られています．そのピークを迎えたのは，2000 年 3 月 10 日でした．それまで 1,800 程度（1998 年頃）であった NASDAQ の指数は，その日に 5,048.62 という終値（日中最高値は 5,132.52）を記録しました．しかし，2000 年代に入ると，立ち上げられた企業のうち，生き残るものとそうでないものが出てきました．その反動は大きく，株価は 5 分の 1 程度にまで下落し，その後の 10 年ほどは，NASDAQ の指数は 2,800 付近で頭打ちに

なってしまいました♠1.

株価そのものは停滞してましたが，Webの世界では，今のソーシャルメディアにつながる大きな流れが生まれつつありました．それが，Web2.0という流れ（3.2節にて説明）です．Web2.0とは，Webのエンドユーザによる協調的な利用形態を表します．Web2.0という言葉が流行したのは2005〜2007年頃でしたが，2000〜2005年頃に立ち上げられたサービスに，Web2.0である要件を既に満たしているものが多く見られます．この頃に立ち上げられたサービスには，ブログ（weblogまたはblog)[10]，インターネット百科事典であるWikipedia，Webのブックマークサービスであるdel.icio.us，インターネットテレビ電話であるSkype，写真共有サービスであるFlickr，Q&AサイトであるYahoo! Answers（日本ではYahoo!知恵袋），動画共有サービスであるYouTubeやニコニコ動画（日本），口コミサイトであるYelpや価格.com（日本），食べログ（日本）などがあります．いずれも，企業が何かのコンテンツや情報を提供するわけではなく，一般のユーザにオープンで自由な情報共有が行える仕組みを提供している点が特徴です．

また，後に絶大な人気を得ることになるソーシャル・ネットワーキング・サービス（social networking serviceまたはsocial network service）が誕生したのもこの頃です．一般にはSNSと省略して表現されることが多いので，本書でもSNSという言葉を使うことにします．SNSとは，友人とオンラインでオープンに明示的につな

♠1 なお，2012年以降はアメリカ経済の好調に伴い，本原稿を執筆している2018年7月時点では，インターネットバブル時のピークをはるかに上回る7,800にまで達しています．

がることができるサービスです．2002 年に Friendster，2003 年に Myspace と LinkedIn，2004 年に mixi（日本）と Facebook と，次々と SNS が立ち上がりました．また，2006 年と 2007 年には Twitter と Tumblr が立ち上げられました（これらは SNS と区別され，マイクロブログサービスと呼ばれることもあります）．友人とのつながりを明示化するということは，当時のユーザには非常に新鮮なものでした．この後，SNS は激しい競争の末，Facebook と Twitter が人気のサービスとなりました．

SNS という言葉は，ソーシャルメディアと似たような意味で用いられることが多いのですが，筆者の分類としては，友人との関係を明示化してそれを開示した上で，友人との直接的なコミュニケーションを行うサービスが SNS で，必ずしも明示的なつながりの開示を必要とせず，間接的なコミュニケーションも含むコミュニケーションプラットフォームをソーシャルメディアと捉えています（2.2 節にて説明）．すなわちソーシャルメディアの一形態が SNS といえます．この観点でいうと，上述の Web2.0 関連サービスの一部もソーシャルメディアとみなすことができます．今のソーシャルメディアの基礎となるサービスのほとんどは，2000 年代に構築されたといえるでしょう．

2.1.4 ソーシャルメディアの本格的普及（2007〜2018 年）

2000 年代の後半から 2010 年代にかけては，従来の Web（個人が HTML やオーサリングツールでページを記述する古典的な Web，または企業が一方的に情報提供する Web）よりもソーシャルメディアが主役になる時代となりました．2000 年代の中盤までで立ち上

がったソーシャルメディアが一般ユーザに浸透していったのが，この時期になります．順調にユーザ数を獲得してきた Web ですが，2000 年代の後半以降に，その普及を加速させたのは，ある一つのデバイスの登場でした．それは，2007 年に Apple から発売された iPhone という携帯電話です．iPhone は大きなマルチタッチ式ディスプレイと強力なグラフィック機能を備え，携帯電話市場に革命をもたらしました．その後，同形態の携帯電話が各社から発売され，それらはスマートフォンと呼ばれるようになりました．それまでの携帯電話もインターネットにアクセスする機能はありましたが，画面の表現能力やユーザからの入力機能が優れているとはいえず，限定的なインターネット利用にとどまっていました．しかし，スマートフォンはこれらの問題を解消したため，多くのユーザは外出時においても，常時インターネットにアクセスしている状態（オンラインの状態♠2）になりました．スマートフォンの普及により，Web とソーシャルメディアはこれまでパーソナルコンピュータ（パソコン，PC）を使ってこなかった人たちにまで広く使われるようになりました[11]．

図 2.1 は，アメリカのデータ調査会社である Pew Research Center が公表しているスマートフォンとソーシャルメディア，家庭でのブロードバンド接続の普及率です．スマートフォンは，2010 年代に入ると，急速に一般ユーザに普及していることがわかります．ソーシャルメディアの普及率も，それまでの急速な拡大期を経て，着実に上がっています．ここで重要なのは，普及率そのものよりも，

♠2 これに対して，インターネットにアクセスできていない状態を「オフライン」と呼びます．

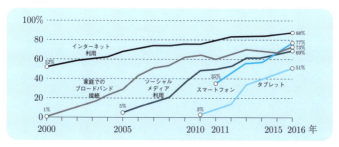

図 2.1 スマートフォンの普及率（アメリカ）
出展：http://www.pewresearch.org/fact-tank/
2017/01/12/evolution-of-technology/

スマートフォンの普及によりソーシャルメディア上に投稿されるコンテンツの内容やユーザ間のコミュニケーションの内容，そしてコミュニケーションのタイミングが変わったことにあるかもしれません．ユーザは，実世界で見聞きしたものを投稿するようになり，外出中や電車での移動中など，これまでオフライン（インターネットに接続していない）の環境であったところから発信するようになりました．

また，これまで若い男性を中心に利用されていた Web やソーシャルメディアでしたが，年齢と性別の壁を超えて幅広い人口層のユーザに利用されるようになりました．その典型が，2010 年に開始された Instagram と Pinterest です．共に写真の共有サービスですが，Instagram は自分で撮影した写真をコメントやタグ付きで共有することを目的とし，Pinterest は自分の撮影した写真だけでなく，他人が Web 上で公開している写真も含め，見知らぬユーザ間で共有することを目的としています．特に Pinterest は，"Nail" や "Winter Fassion" のように，自由にカテゴリを設けて，そこに気に

入ったおしゃれな画像をコレクションできることから，ユーザの大半を女性が占めるサービスとして注目を集めました[12]．また，近年では短編動画を共有できるサービスが人気を得つつあります（2018年7月時点）．例えば，musical.ly や Tik Tok などです♠3．両サービスは，共有できる動画に 15 秒という制約を持たせることで，投稿に対する心理的ハードルを下げ，若者を中心に絶大な人気を得ています．

また，スマートフォンの普及に伴い，実世界とソーシャルメディア（Web サービス）の融合が進みました．位置情報に基づいた SNS である Foursquare（その後 Swarm というサービスに進化）や，タクシーの配車サービスである Uber などが有名です．また，従来の Web では，多くのユーザは匿名でホームページやブログを立ち上げていました．しかし，Facebook が匿名性を排除することにより成功したように，これまでに存在したソーシャルメディアのサービスにおいて，実名利用を推奨することにより成功した企業もあります．さらに，スマートフォンのデバイスの識別を行うことで，ユーザの特定可能性を高め，信頼性を高めたツールも生まれました．前者には Q&A サイトの Quora が，後者には LINE があります．

このように，ソーシャルメディアが男性にも女性にも，またほぼ全ての年齢層に普及していったのが 2010 年代といえるでしょう．また，屋内外を問わず，ほとんど全ての状況において情報提供やコミュニケーションが可能になったのも 2010 年代といえます．このようなソーシャルメディアの普及を目の当たりにして，伝統的な大手 IT 企業も正式なサービスとして SNS を開設しました．例えば，

♠3 musical.ly は，2018 年 8 月に Tik Tok にサービスが統合されました．

Google は Google+ という SNS を，マイクロソフトは So.cl という SNS を立ち上げました．多くのユーザによる投稿が期待できる SNS においても市場を支配したいという思いがあったのでしょう．ただし，サービスとしては成功しているとはいえず，So.cl は 2017 年にサービスを終了しています．このことは，巨大資本だけでは多くのユーザを集めることができないという SNS のサービス運営の難しさを物語っています．

2.2 ソーシャルメディアとは

前節では，Web においてどのようなサービスが生まれてきたのかを時系列で振り返ってみました．しかし振り返ってみると，これらのサービスは情報提供やコミュニケーションを目的としているという点では共通しているものの，そのサービス上で時間の流れる速さや，交流する人々の範囲の大きさ，扱うデータのメディアの種類など，細かい点で異なることにも気づかされます．また，1 章から 2.1 節までは，何となく「ソーシャルメディア」という言葉を使ってきましたが，そもそもソーシャルメディアとはどのように定義されるものなのでしょうか？ 本節では，ソーシャルメディアとは何かという定義を行いたいと思います．また，Web の社会性を少し広く捉えて，協調型 Web サービスの定義を行いたいと思います．

2.2.1 コミュニケーション媒体の発展

人々は古来より，様々な媒体を用いて，他の人とコミュニケーション（意思疎通）をとってきました．有史以前では，顔の表情や，身振り手振り，そして音声（鳴き声のようなシンボルを伴わないも

の）で，相手に意図を伝えていました．やがて，鳴き声が言葉になり，コミュニケーションで伝えることができる内容は，急速に多様になりました．この頃までは，コミュニケーション媒体は自分自身の身体でした．そのため，人々はコミュニケーションを取るためには，相手に会う必要がありました．つまり，同じ時間に同じ場所にいる必要がありました．同じ時間を共有して行うコミュニケーションを**同期コミュニケーション**（または同期型コミュニケーション）といいます．

やがて，人は絵や文字を使うようになり，コミュニケーション媒体として紙が誕生しました．紙は，現在は身の回りにあって当たり前のものですが，これが誕生した古代エジプト文明では，最新のテクノロジーだったと思われます．紙の誕生により，人々は直接会わなくても，また同じ時間を共有しなくても，コミュニケーションを取ることができるようになりました．相手と同じ時間を共有しなくても行えるコミュニケーションを**非同期コミュニケーション**（または非同期型コミュニケーション）といいます．やがて16世紀頃から各国で国家のインフラとして郵便制度が整備され始め，一般の人々でも地理的な制約を受けずに，非同期コミュニケーションができるようになりました．産業革命以降（特に後期の，第二次産業革命以降）は，電話や電報が発明され，離れた場所の人とも，手軽に同期コミュニケーションと非同期コミュニケーションを取ることができるようになりました．

コンピュータが発明され，それを通信ネットワークでつないで使うようになると，電子的な文字ベースのコミュニケーションが行えるようになりました．一般の人々もPCを使うようになると，パソ

コン通信（PC とホスト局のサーバとの間で通信回線（当時はアナログ電話回線が多かった）によりデータ通信を行うこと）によりコミュニケーションを取るようになりました．この頃は主に，特定の個人間や狭いグループ内でコミュニケーションを行っていました．しかし，Web が発明されてからは，そのコミュニケーションの範囲が世界中の知らない人にまで及び，オンライン上のコミュニティで議論を行うことができるようになりました．その発展形がソーシャルメディアであるといえます．さらにソーシャルメディアでは，アイコンをクリックするだけで，反応を返したり感情を伝えたりすることができるようになりました．すなわちソーシャルメディアは，これまでにない，より簡便なコミュニケーション手段であるといえます．このようにソーシャルメディアは，長い人類の歴史の中でのコミュニケーション手段の変遷における最先端のメディアであるといえます．ある時代で人類が生み出したコミュニケーション手段は，次の新しい時代になっても使われる傾向にあります．私たちは紙と鉛筆は未だに使っていますし，頻度は少なくなったとはいえ郵便も利用します．デジタル化されましたが電話も使っています．現在のソーシャルメディアを支える技術は，いずれより新しい技術に置き換わるかもしれませんが，そのコミュニケーションの本質は，この先も残り続けるものと思われます．

2.2.2 ソーシャルメディアの定義

　少し前置きが長くなってしまいましたが，ここでソーシャルメディアの定義を考えてみましょう．さっそくですが，本書ではソーシャルメディアを以下のように定義します．

> **定義**
>
> ソーシャルメディアとは，インターネットを用いて，個人間や個人と組織間，コミュニティ内の複数人の間において，文章や画像，動画などのコンテンツやプロフィールを共有し，またそれを介して，コミュニケーションを行うことができる媒体である．

　本原稿を執筆している 2018 年 7 月現在においては，「ソーシャルメディア」という言葉自体は，実は，まだあいまいなものであります．また，ソーシャルメディアと呼ばれる実際のサービス自体が進化を続けていますので，将来はこの定義は変わるかもしれません．それでも，Web 上の百科事典である Wikipedia[13] を始めとして，国語辞典の Merriam-Webster[14]，学術論文[15],[16] などで，その定義を試みています．また，これらの文献では，ソーシャルメディアに共通する特徴をまとめようとしています．それらに共通している特徴をまとめると以下のようになります（図 2.2 参照）．

(1) インターネット（Web）を用いた通信を行っていること
(2) ユーザが作成した情報（コンテンツ）やプロフィールの共有を行っていること
(3) コミュニティ（社会ネットワーク）を維持（構築）できること

　また，いくつかの文献では，インターネット（Web）よりもさらに踏み込んで，Web2.0 の特徴（3.2 節にて説明）を持つサービスであるとしています[16],[15]．Web2.0 以前の Web では，多くのユーザは一人の読者に過ぎなかったのですが，Web2.0 のサービスではユー

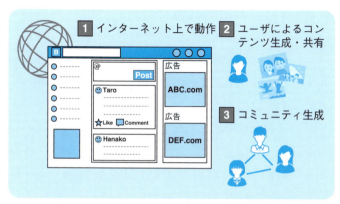

図 2.2 ソーシャルメディアにおける三つの特徴

ザ自身がコンテンツを生み出し,また消費しています[17].また,コンテンツを生成し消費する中で,ユーザは互いにコミュニケーションをとり,インタラクション(相互作用)を行います[16].ただの物理的な通信媒体としてインターネットを用いているだけでなく,そこでの利用形態や実装形態も含んだ定義といえるでしょう.

以降の節で説明するソーシャルメディアの種類によっては,これらの全てを併せ持っているとは限りません.特に,コミュニティの構築については,必ずしも明示的に登録できる機能を有しているとは限りません.また,プロフィールを設定することなく,アカウントを作成するサービスもあります.しかし,Web 上のサービスであること,何かの情報を共有すること,明示的/非明示的に共有相手やコミュニケーション相手を決定できることは,共通した特徴であるといえます.

2.2.3 協調型 Web サービスの定義

本書では主に Web の社会性について議論していきたいと思います．ソーシャルメディアの特徴は前項で説明した通りですが，ソーシャルメディアに見られる特徴のみに注目すると，Web が持つ社会性のごく一部にしか注目していないことになってしまいます．今ある多くの Web 上のサービスでは，一人のユーザだけではその利用が成り立ちません．すなわち，今の Web 上のサービスは，多かれ少なかれ社会性を備えており，それが Web の持つ能力（ユーザに高品質なサービスを提供する力）を高めているものと思われます．すなわち，厳密に定義されたソーシャルメディアについてのみ注目していると，Web の社会性が持つ可能性を過小に評価してしまう恐れがあります．

例えば，ショッピングサイトで買い物をする時，ある商品を閲覧中に「この商品を買った人は，こんな商品も買っています」と表示されたり，トップページに「あなたへのおすすめ」が表示されたりした経験のある方も多いのではないでしょうか？このようにユーザに商品やコンテンツをお薦めすることを情報推薦やレコメンデーションと呼びます．「この商品を買った人は，こんな商品も買っています」と書いている通り，あなたへのお薦めに他人の購買履歴を使っていることがわかります．「あなたへのおすすめ」についても，多くの場合，他人の購買履歴を参照して，お勧めする商品を決定しています（2.3.11 項参照）．

検索エンジンでキーワード検索をした時に，たいていはそのキーワードの内容に関して，一般的で多くの人に役立ちそうなページがリストで表示されます．固有名詞で検索した場合には，その固有名

詞に対応する Web サイト（企業の Web サイトやサービスの Web サイト）が表示されます．これも，多くの Web ページの作成者がどのようなページにリンクを張るのか，そのキーワードを入力した人が最終的にどのページを訪問するのかなど，他のユーザの行動履歴を用いてリストの順位を決めています（2.3.1 項参照）．

これらの例では，ユーザは必ずしも自らコンテンツを作成しているわけではありませんし，明示的に誰かとつながったり，直接的にコミュニケーションを取ったりしているわけでもありません．しかし，Web 上の行動から暗黙的に他のユーザとの協調的な作業を行い，その結果の恩恵にあずかっているわけです．すなわち人の社会性がサービスを支えているといえるでしょう．

そこで，本書では，広義の意味での Web の社会性に注目し，人の持つ社会性を何らかの形で利用しているサービスを協調型 Web サービスと定義したいと思います．すなわち，以下のように定義します．

> **定義**
>
> **協調型 Web サービス**とは，インターネット上で複数のユーザ同士が，明示的または非明示的に，また能動的または受動的に協調し合うことで，ユーザ全体に高い付加価値を提供するサービスである．

ソーシャルメディアよりも広い意味を含んでおり，ソーシャルメディアは協調型 Web サービスの一種といえるでしょう．ユーザが意識している／していないに関わらず，ユーザ間の協調を基に，より付加価値の高いサービスを提供している点が大きく異なります．

2.3 ソーシャルメディア・協調型 Web サービスの分類

本節では，ソーシャルメディアとその上位概念である協調型 Web サービスを，さらに細かく分類したいと思います．なお，この分類においては，何がソーシャルメディアで何がそうでないのかという明確な区別は避けたいと思います．コンテンツとは何か，コミュニティ生成とは何か，コミュニケーションとは何かという点において，狭く解釈することもできますし，広く解釈することもできるからです．広く Web の社会性に注目した，現在の Web サービスの分類であると捉えてもらうのが良いと思います．

2.3.1 検索エンジン

検索エンジンは，ユーザが入力したキーワードを含む Web ページを結果として返してくれるサービスです．検索エンジンのサービスの概念は，情報検索[18]に由来します．ユーザは検索エンジンを通常一人で使うため，これのどこが協調的なのかと疑問に思う方もいるかもしれません．本ライブラリの第 7 巻で詳しく説明していますが，現在の検索エンジンは多くのユーザの行動の記録を用いて検索結果を生成しています[19],[20]．例えば，Web ページの作成者がどのページにリンクを張っているのかや，ユーザは検索結果中のどのページをクリックしたのか，などです．すなわち，多くの人がリンクを張っているページは人気があるとみなすことができますし，あるキーワードを入力したユーザの多くが訪れたページは，そのキーワードに対する正解ページだとみなすことができます．このように，現在の検索エンジンは，多くのユーザの行動の記録を利用した

2.3 ソーシャルメディア・協調型 Web サービスの分類

協調的なサービスであるとわかります．

2.3.2 インターネット掲示板

インターネットが普及する前から，パソコン通信上で電子的な掲示板である**電子掲示板**が提供されてきました．電子掲示板とは，かつて駅の改札に置いてあった誰もが書き込むことができる伝言板をネットワーク上で実現したものです．電子掲示板上では，ユーザは自由に記事を書き込んだり，閲覧したり，それに対してコメントを付けることができます．その多くはパソコン通信の会員向けのサービスでしたが，インターネットが普及した後は，不特定多数のユーザに利用されるようになり，**インターネット掲示板**と呼ばれるようになりました．

特に規模の大きいインターネット掲示板としては，日本では 2 ちゃんねる（現，5 ちゃんねる），英語圏では reddit が有名です．これらのインターネット掲示板では，様々なトピック（話題）に対する板（スレッド）を提供することで，多くのユーザに利用されています．また，株や医療，子育てなど，ドメインを限定した掲示板も数多く存在します．誰でも見られるインターネット掲示板は，匿名で行われることが多く，発言内容も自由であることが特徴です．そのため，参加者同士による論争や喧嘩（一般に「炎上」と呼ばれる）が起きたり，一方的な批判が起きたりする問題もあります[21]．大規模なインターネット掲示板は，2000 年代前半までは多くのユーザに利用されてきましたが，最近は匿名・実名を問わず，多くのユーザが Twitter などの SNS に流れているように思われます．

2.3.3 口コミサイト

インターネット掲示板は，自由な意見交換の場として多くのユーザに利用されていますが，特定のドメイン，特に商品やサービスに限定し，それらに対する意見や感想を述べる場として人気を得た Web サイトがあります．いわゆる**口コミサイト**です．日本では価格.com や食べログが有名です．また，海外では TripAdvisor や Yelp が有名です．ショッピングサイトに一つの機能として組み込まれていることも多いです（楽天や Amazon.com など）．

インターネット掲示板ではユーザは好きな内容のメッセージを投稿しますが（もちろん板（スレッド）のトピックに合わせる必要はあります），口コミサイトではユーザは商品のレビュー記事（口コミ）を投稿します．口コミサイトでは商品のページがあらかじめ用意されており，ユーザはそのページ上でその商品に対する口コミを投稿するようになっています．書き込まれた口コミに対して，他のユーザが意見や感想を書くことができるようになっているシステムもあります．また，多くの場合「参考になった」というボタンが配置されており，それをクリックすることで，投稿者にフィードバックを送ることができます．

多くのユーザの口コミを見ることができるため，人の購買行動を根本的に変えたともいわれています[22]．また，企業の商品開発部門やマーケティング部門でも，商品開発や販売戦略の立案のために参考にすることが多いようです．

2.3.4 ブログ

ユーザの個人的な体験や日記，ニュース記事に対する感想，個人的に興味のある専門的な内容などの情報を，時系列で記録することができる Web サイトをブログと呼びます．当初は，「Web に Log（記録）する」の意味からウェブログ（weblog）と呼ばれていましたが，すぐにブログ（**blog**）という略称を使うことが一般的になりました．特にアメリカでは，ジャーナリズム的な発信や政治利用が活発化したため，社会に初めて大きな影響を与えたインターネットメディアであるともいえます[23]．また，ブログ記事にはコメントを付けることができるようになっており，著者が投稿した記事を話題にして，著者と読者の間で（時に読者間で）コミュニケーションを取ることができることも大きな特徴です．

上記のような特徴を持つブログは，タレントや政治家などの有名人が積極的に利用したこともあり，多くのユーザに使われるようになりました．しかし，ブログが Web にもたらした大きな革新は，このような時系列的な記事の投稿やコメント機能にあるのではなく，それが**コンテンツ管理システム**により提供されていたことにあると筆者は考えています．コンテンツ管理システムとは，ユーザはテキストや画像などのコンテンツ本体を用意するだけで，Web ページの構築や管理をコンピュータに任せることができるシステムです．Web 上の GUI（グラフィカル・ユーザ・インタフェース）で記事本文や写真などのコンテンツを入力するだけで，誰でも簡単にデザイン性に優れた Web ページを公開できるようになったのです．このことが一般の人々への情報公開のハードルを下げ，多くのユーザの意見やコンテンツが Web に載るようになりました．これにより，

Webが社会を映す鏡としての役割を担い始めたといえるでしょう．

2.3.5 共同編集型百科事典

共同編集型百科事典とは，インターネット上の百科事典で，誰もが無料で自由に編集に参加できるものです．その代表として，Wikipediaがあります．サービスの形態としては，事実上唯一無二の存在といえます．Wikipediaは，wikiと呼ばれるWebページの共同編集システムにより実装されています．wikiでは，Webブラウザを利用してWebサーバ上のハイパーテキスト文書を編集することができます．これにより多くのユーザが共同で編集に参加できるようにしています．

このような共同編集には，同じページを複数人が同時に編集してしまう編集競合（edit conflict）が発生します．同時に編集しているユーザのうち，あるユーザは先に保存要求を出したとします．そのユーザの保存要求は，無条件で認められます．しかし，後から保存要求を出したユーザは，先に保存要求を出したユーザの編集内容を参照し，それを勘案して，自分の編集を保存することが求められます．また，価値観や見解の対立により，自分の意図通りの記事にしようと，他者の編集を取り消して，自分の主張で書き換える編集合戦（edit war）が起こることもあります．このような投稿（編集）を行うと，それがブロック（遮断）されることもあります．

計算機科学におけるWebの革新は，コンピュータに初めて知識を持たせることができた点にあると述べましたが，特にWikipediaは人工知能を実装する際に利用する外部知識として最もよく使われるものになっています．共同編集のため，その記載内容の粒度や記

事の章立て，自然言語による記法が統一されていて，コンピュータが知識として扱いやすいからです．また，共同編集による自浄作用により，Wikipedia は，代表的な（紙の）百科事典であるブリタニカ百科事典と同じぐらい正確であるという報告もあります[24]．

2.3.6 ソーシャルブックマーキング

ソーシャルブックマーキングとは，自分のブックマークをインターネット上に公開し，不特定多数のユーザと共有することができるサービスのことです．日本では，はてなブックマーク，海外では，del.icio.us（現在名 Delicious）が有名です．ユーザは Web 上の気に入ったページをブックマークに登録し，それを公開することができます．また，その際タグと呼ばれる分類用の語句を付与することができます．他のユーザは，このタグを使って，興味のあるページを探すことができます．Web ブラウザにもブックマークは備わっていましたが，それはフォルダやカテゴリに分類分けするものでした．しかし，タグは複数付与することができるため，人々の多様な視点を反映させることができます．ユーザが付与したタグを手掛かりに情報やコンテンツを探すことができるようにした分類方法は，**フォークソノミー（folksonomy）**と呼ばれます（または**ソーシャルタギング（social tagging）**と呼ばれます）．タグには，「政治」や「経済」といった新聞や図書館などで見られるものもありますが，「ネタ」や「あとで読む」といった，従来の分類にとらわれないものもあります．若いユーザの価値観が反映されているため，現代人の感覚に近い検索ができる利点があります．

2.3.7 画像・動画共有サービス

　画像や動画などのコンテンツを複数のユーザの間で共有し，それらコンテンツを介してコミュニケーションを取ることができるサービスも数多く存在します．これらは，**画像（写真）共有サービス**や，**動画共有サービス**と呼ばれています．写真などの画像を共有するサービスとしては，Google Photo やフォト蔵（日本）などが有名です．中でもその先駆けとなるサービスとして，Flickr があります．Flickr は自分の撮った写真を見知らぬ人と共有することができ，また誰かがアップした写真には誰でも自由にタグを付与することができます．タグを通して他のユーザとコミュニティを形成したり，タグを辿るうちに面白い写真に出会ったりする点も魅力です．自分のアップロードしたコンテンツの広がりと，ユーザコミュニティの広がりにおいては，他のサービスにない拡散力があるといえます．ソーシャルブックマーキングと同様，タグはフォークソノミーと捉えることができ，学術的にも注目を集めたサービスです．

　また，近年では自分の趣味や関心のあるテーマで美しい写真やおしゃれな画像をコレクションし，それを他のユーザと共有することができる Pinterest というサービスが人気を得ています．このサービスは女性を中心に利用され，単に美しい画像を楽しむだけではなく，ファッションや DIY におけるアイディアツールとしても活用されています．また，自分で撮影した写真を共有できる Instagram というサービスも，若い女性を中心に人気を得ています．Instagram の魅力は，コンテンツの中心は画像であり気軽に投稿できる点（文章を付けることもできるが付けていない人も多い）と，アプリケーションに標準装備された写真加工の機能や SNOW（スノー）など

の自撮り画像に特化した加工ソフトにより，撮影した写真を実際の写真よりも魅力的に見せることができる（若者の言葉では「盛れている」といいます）点です．

　一方，動画を共有できるサービスでは，Youtube が有名です．特に欧米では，圧倒的なシェアを誇っています（2018 年 7 月現在）．日本ではニコニコ動画も若者を中心に利用されており，中国ではヨウク（優酷網（Youku））とビリビリ動画（哔哩哔哩（bilibili））が有名です．それぞれのサービスにおいて，誰もが自分の作成した映像コンテンツを，世界中の人々に公開することができます（ただし，ニコニコ動画では会員登録が必要です）．

　いずれのサービスも，視聴者は動画に対してコメントを書くことができます．Youtube やヨウクでコメントを付与できる単位は，動画コンテンツになっていますが，ニコニコ動画とビリビリ動画では再生している動画中の特定の時間（以降，動画時間）に対して，コメントを付与できるようになっています．動画再生中に指定された時間（動画内での再生時刻）が来ると，このコメントが動画内で表示されます．単に，投稿された動画だけを楽しむのではなく，他の視聴者が付与したコメントも楽しめる点が，ニコニコ動画とビリビリ動画の特徴です．特に面白いシーンや驚かされるシーン，物議を醸しだすシーンなどに対しては，画面がコメントで覆い尽くされることもあり，これらのコメントは**弾幕（danmaku，danmu）**と呼ばれています．

　また，動画共有サービスで投稿されるコンテンツには，商用の漫画やアニメーション，ゲームなどを題材にして作成されたものが多く見られます．またそのような投稿作品を基に，新たな作品も生ま

れています．これらは，**二次創作**や **N 次創作**ともいわれ，現在の芸術創作やコンテンツビジネスにおいては無視できない存在になっています．

また，最近では共有できる動画の長さに制限を設けた**短編動画共有サイト**も開設されています．具体的には musical.ly[♠4]や Tik Tok といったサービスです．これらのサービスでは，共有される動画の長さに制限を設け（両サービスとも 15〜60 秒という制限を設けています），動画投稿のハードルを下げることで，多くの若者に利用されています．一つの動画の視聴にかかる時間が少なくて済むので，動画を閲覧するユーザも次から次へと気軽に動画を閲覧できます．また，「チャレンジ」と呼ばれる，特定のテーマに基づいたハッシュタグを付けて動画を投稿する文化が存在し，チャレンジのテーマに合わせた動画がたくさん投稿されます．サービス運営側も定期的にチャレンジを呼び掛けており，継続的に新しいテーマの投稿が行われています．若者を中心に，自分が主人公となり短編でテーマ性を持った動画を投稿するという新しい文化が生まれつつあります．

2.3.8 SNS

SNS とは，人と人との社会的なつながりを維持・促進するための様々な機能を持ち，かつそこでのつながりを第三者からも閲覧可能としたサービスを指します．また，ユーザは他のユーザに見てもらうために情報やコンテンツを投稿することができます．SNS という言葉は，ソーシャル・ネットワーキング・サービス（**Social**

[♠4] musical.ly は 2017 年 11 月に Tik Tok の親会社である Bytedance により買収され，2018 年 8 月に Tik Tok にサービスが統合されています．

2.3 ソーシャルメディア・協調型 Web サービスの分類

Networking Service），またはソーシャル・ネットワーク・サービス（Social Network Service）を略したものです．日本では前者で呼ばれることが多いのですが，欧米では後者で呼ばれることが多いです．

代表的なサービスとしては，Facebook，Google+，LinkedIn があります．これまでに存在（流行）したサービスとしては，Friendster や MySpace，そして国内では mixi があります．これらの SNS では，ユーザは他のユーザの投稿に対してフィードバックを返すことができます．多くの場合，投稿記事の横に「いいね！」と呼ばれるボタン（ハートマークで表されていたり，"Like" という名前のボタンであったりもします）が配置されており，それをクリックすることで投稿者にその投稿へのポジティブな気持ちを伝えることができます．また，もっと具体的な内容を伝えたい場合は，コメントを付与することもできます．さらに，他の多くのユーザに投稿記事の内容を知ってもらいたい場合は，シェアすることで自分の友人にも見せることができます．つながりは第三者からも閲覧することができると書きましたが，サービス上で自分とつながっていないユーザには自分の友人リストを見えなくしたり，投稿コンテンツを自分とつながっているユーザ（サービス上の「友達」）までとか，さらにその先につながっているユーザ（サービス上の友達の友達）までしか見えないようにしたりすることはできます．しかし，基本的には自分の友人や自分の投稿コンテンツを，つながっていないユーザにも公開できることが，SNS の前提になると筆者は考えています．

SNS とは何かという定義を，これまで何人かの研究者が試みてきました．例えば，ボイド（danah m. boyd）は，

(1) 公開型のプロフィールを作成できる

(2) コネクション（友人リスト）を作成できる

(3) 他人と友人リストをお互いに見せ合うことができる

という三点を，SNS の条件としています[25]．

　SNS という言葉とソーシャルメディアという言葉は，時に混同して用いられます．しかし，SNS よりもソーシャルメディアの方が広い概念を持つといえます．SNS は，代表的なソーシャルメディアであるといえますが，SNS とはいえないサービスでもソーシャルメディアに含めることはできます．ソーシャルメディアも，

(1) インターネット（Web）を用いた通信を行っている

(2) ユーザが作成した情報（コンテンツ）やプロフィールの共有を行っている

(3) コミュニティ（社会ネットワーク）を維持（構築）できる

ことが特徴であると述べました．これらは，全く SNS にも当てはまります．では，SNS はどのような点で，より限定的なのでしょうか？

　一言で述べると，SNS はコミュニティの構築と維持が最も重要な目的であるといえます．そのため，コミュニティ（ユーザ同士の友達関係）がより明示的です．すなわち，自分の友達が誰かを明示的に登録します．この方法には，相手の承認が必要な友人関係と，相手の承認を必要としないフォローの両方が存在します．後者の場合は，実世界で友達である場合だけでなく，単に興味を持ったユーザを指すこともあります．口コミサイトでは，ユーザ同士を緩くつなぐ機能は備わっていますが（例えば評価対象の商品を介してユーザ探索できるなど），つながりが明示的でないことが多いです．

また，SNS のもう一つの条件としては，投稿された情報やコンテンツの作者が誰であるかが明示されます．具体的には，SNS ではユーザはつぶやきや画像などを投稿しますが，その提示方法においては，誰が発信したかということがプロフィール画像やスクリーンネームにより前面に強調されます．口コミサイトでは，レビュー対象の商品が前面に提示されますが，誰がレビューしたのかについては，トップページなどで前面には出てきません（コメントの横に，ユーザ ID やユーザ名は表示されますが，強調して表示されることはありません）．これらの点より，口コミサイトはソーシャルメディアの一つということはできますが，SNS と呼ぶことはできないでしょう．

有名な SNS の多くは，誰でもユーザ登録して利用できるものが多いのですが，企業や学校などが従業員や学生を対象に運用する社内（学内）SNS も存在します．また，会員制で特定のドメイン（例えば，株や語学）を対象として，会員内の相互交流に限った SNS も存在します．このようなサービスを構築するために，OpenPNE や Mastodon など SNS 構築用のサーバ向けソフトウェアも存在します．

2.3.9 マイクロブログ

マイクロブログとは，短い記事の発信を想定した情報共有サービスで，なおかつ購読したいユーザを明示的に登録できるようにしたものです．マイクロブログでは，ユーザが投稿した情報やコンテンツは，そのユーザを購読している（登録している）他のユーザの画面（タイムラインと呼ばれます）上に表示されます．また，一部のサービスでは，投稿できるコンテンツのサイズに制限を設けていま

す．例えば，テキストの文字数に 140 字以内という制限を設けるようです．非常に短い文字数ですので，投稿コンテンツは「つぶやき」ともいわれます．SNS の一種と見られることもありますが，人と人との社会的なつながりを維持・促進するよりは，情報発信や情報獲得のツールとして用いられることも多く（4.2.4 項参照），SNS とは分けて捉えられることも多いです．

代表的なサービスには，Twitter と Tumblr があります．中国では Weibo（微博）が有名です．Tumblr は文字数の制限はありませんが，ブログよりは簡単にかつ気軽に記事を投稿できるようにしています．自分の実世界での友人関係を明示的に登録することもできますが，その登録は一方方向（フォロー）になります．そのため，実際の友人を登録するだけでなく，自分の興味を持った人を一方的にフォローすることも多いです．一方，多くの SNS と同様に「いいね！」，コメント（Twitter ではリプライやメンションと呼ばれます），シェア（Twitter ではリツイートと呼ばれます）の機能も備えています．

マイクロブログは，多くの SNS と同様に，友達（フォローしているユーザ）の投稿をタイムラインで閲覧することができます．しかし，他の SNS よりは投稿がタイムラインで流れていく速度（流速）が速く，リアルタイム性が高いといえます．流速が速いため，ユーザは自分の投稿を友人が必ず見ているとは期待していません．そのため，投稿する側もそれを閲覧する側も気軽に使えるといえます．

SNS とマイクロブログは，いずれも社会科学の研究対象になることが多いのですが，マイクロブログ（特に Twitter）の方が研究用のデータとしてよく用いられます．その理由は，Twitter に備わる豊

富な API（アプリケーション・プログラミング・インタフェース）にあります．自分で実装したプログラムから，Twitter に投稿されたメッセージや Twitter 上のユーザの情報などを，自動で収集することができます．これにより，大規模な調査を行うことができるようになり，社会科学系の研究に大きな変革をもたらしつつあります．

2.3.10 キュレーションメディア

キュレーションメディアとは，Web 上のコンテンツを特定の観点から収集し，それをまとめて公開するメディアのことです．キュレーションとは，Web やインターネット上の情報を収集してまとめることを指します．博物館や美術館における学芸員（キュレータ）の仕事は，あるテーマで作品を分けて，それにわかりやすい説明を付けることにあります．これと同様のことを Web 上の情報やコンテンツに対して行うことができるのがキュレーションメディアです．

そのため，キュレーションメディアに掲載されている情報のほとんどは，どこかのメディアで既出のものです．それを特定の観点からつなぎ合わせることで，新しい価値を生み出します．共有ブックマークも，キュレーションに近いことを行っていますが，それをもっと人にわかりやすく構造化したり，説明を加えたりしたメディアがキュレーションメディアです．

具体的なサービスとしては，特定のキーワードを基に自動でコンテンツを収集するメディア（例えば，NAVER まとめや Togetter など）や，人手で様々な情報を収集し自分の言葉でまとめなおしたもの（All About など），ニュース記事を収集しカテゴリ分けした

もの（Yahoo!ニュースやGunosyなど），特定のドメインに関する情報を自動または手動で集めたもの（健康系や美容系など）などがあります．ネットサーフィンにより多くのWebページを訪れることなく，興味を持った分野の情報を効率的に閲覧することができるため，いずれも非常に人気があります．

また，SNSにおける情報拡散機能に注目し，SNSでシェアされやすいコンテンツをSNSでシェアされやすいようにキャッチーなタイトルを付けて投稿することができる**バイラルメディア**と呼ばれるサービスもあります♠5．これも，キュレーションメディアの一種ですが，SNSでネタになりそうなコンテンツをまとめている点が特徴です．また，SNSでの拡散を狙っていますので，TwitterやFacebookのような代表的なSNSへのシェアボタンが目立つように配置されています．有名なサービスには，BuzzFeed，Upworthy，Distractify，ViralNovaがあります．日本では，grapeが有名です．

2.3.11 レコメンデーション

レコメンデーションとは，対象ユーザの過去の閲覧履歴や購買履歴から，そのユーザが好む商品や情報を推薦する機能を指します．日本では，**情報推薦**とも呼ばれます．レコメンデーションを行うシステムのことを，**推薦システム**（**recommender systems**）といいます．本章では，レコメンデーションをサービスの一種として紹介することにしましたが，実際にはレコメンデーションだけを行っ

♠5バイラル（viral）とは「ウィルス性の」または「感染的な」という意味で，バイラルメディアとは，SNSと情報拡散力を利用して，インパクト・話題性のある記事を多くのユーザに閲覧させることを目的にしたメディアです．

2.3 ソーシャルメディア・協調型 Web サービスの分類

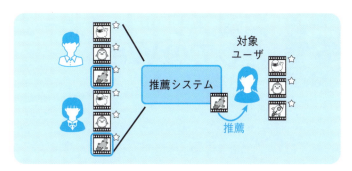

図 2.3 協調フィルタリングにおける推薦の仕組み

ているサービスというものは，ほとんど存在しません．しかし逆に，現在の商用サイトのほとんどに，レコメンデーションの機能が備わっているといっても過言ではありません．レコメンデーションのどこが協調型 Web サービスなのか疑問に思うかもしれませんが，その答えは推薦メカニズムにあります．現在のレコメンデーションは，そのほとんどが**協調フィルタリング**[26]と呼ばれる手法で実現されています．

協調フィルタリングは，ユーザに商品や情報（一般に「アイテム」と呼ばれます）を推薦する際に，そのアイテムの内容は考慮しません．代わりに，他のユーザがどのアイテムを閲覧（購買）したのかや，高く評価したのかを考慮します．自分と同じアイテムを閲覧していたり，高く評価していたりするユーザは，必ず他に存在します．そのようなユーザが高く評価しているアイテムで，自分がまだ閲覧していないものを推薦します（図 2.3 参照）．他のユーザの閲覧履歴や購買履歴を使っている点で，協調的なサービスと見ることができます．

3 協調プラットフォームとしてのWeb
－集合知と Web2.0 －

　人々はソーシャルメディアの情報を元にして，買い物や仕事での意思決定を行っています．従来のメディアでは，報道機関や専門家が情報を提供していましたが，ソーシャルメディアでは一般のエンドユーザが情報を提供しています．よく知っている友人が提供した情報なら良いですが，顔も名前も知らないユーザからの情報を信頼しても良いのでしょうか？ しかし，現在の Web 上のサービスには，このように名前も身元もわからない不特定多数のユーザが共有した情報を利用し，高度なサービスを提供したものが多くあります（例えば，共同編集型百科事典や検索エンジンのランキングなど）．このように信頼性が完全に担保されない情報ですらサービスに利用しようとするのには，何か理由があるのでしょうか？ 本章では，それを解き明かす一つのキーワードとして「集合知」というものを採り上げます．初めに，集合知とは何かを説明した後，集合知を利用している Web およびソーシャルメディアの特徴について説明したいと思います．

3.1 集 合 知

　突然ですが，皆さんの子供の頃の夢って何でしたか？小説や漫画を読んで，自分も小説家や漫画家になりたいと思ったことがある方もいるでしょう．PC やゲーム機のゲームソフトを遊んで，自分も将来プログラマーになりたいと思ったことがある人もいると思います．恐らく皆さんはそのような夢を描いた時，そこでの自分を「プロ」として意識したでしょう．すなわち昔は，コンテンツの供給者と消費者が，完全に分かれていました．しかし，現在の Web やソーシャルメディアには，多くの情報やコンテンツが掲載（公開）されていますが，このような供給と消費のモデルで成り立っているわけではありません．供給者と消費者は完全に切り分けられているわけではなく，自分は消費者だと思っていても，気づかないうちに供給者として機能しているかもしれません．ここでは，現在の Web とソーシャルメディアにおいて無視できない概念である「集合知」について焦点を当てたいと思います．

3.1.1 Web と意思決定

　現在の Web 上のサービスには，個々のユーザに情報（コンテンツ）を提供してもらっているものが多く見受けられます．例えば，大規模掲示板やブログのサービスでは，ユーザに情報公開をしてもらうためのプラットフォームを提供し，そこで記事やメッセージを書き込んでもらっています．また，共有ブックマークサービスやキュレーションメディアでは，ユーザにコンテンツを共有してもらうためのプラットフォームを提供し，Web 上で見付けてきた面白

いWebページの在り処を登録してもらっています．

　また，現在のWeb上のサービスには，たくさんのユーザの行動を解析し，その結果を利用してユーザに情報を提供しているものも多く見受けられます．例えば，検索エンジンや推薦システムは，多くのユーザの閲覧履歴や購買履歴を用いて，検索キーワードに合った質の高いWebページを提示したり，ユーザの嗜好に合った商品を提示してくれたりします．

　Webの出現以前は，良い情報やコンテンツは，その分野の権威となる人（多くの場合，テレビや新聞などの報道機関や，プロの小説家や作曲者）により提供されていました．しかし，Webで情報提供している人達は，そのような権威者ばかりではありません．大半は，その分野に興味は持っていても，十分な知識を持っているとはいえない一般の人々です．しかし，今のWeb上のユーザはそのような人々が投稿した情報やコンテンツを基に，ショッピングや仕事などの意思決定を行っています．事実，検索エンジンや推薦システムが出力する検索結果や推薦結果は，それほど的外れなものはないですし，共同編集型百科事典であるWikipediaの各記事の内容も，明らかな間違いは少なく，簡潔に説明されています．

　このように多くのサービスにおいて，不完全であっても人から多くの情報を集めたり，信頼性が完全に担保されない情報からでもまとめや要約を提供したりしようとするのには，何か理由があるのでしょうか？

3.1.2 集合知とは

多くのサービスにおいて，一般の人々に情報を提供してもらったり，そのような情報からまとめや要約を提示しようとしたりする傾向を理解するための一つの考え方として，**集合知**があります．

近年のソーシャルメディアの発展により，集合知という言葉は，広く注目を集めることになりました．日本では，集合知という一つの言葉で用いられることが多いですが，英語圏の国では，"**wisdom of crowds**" と "**collective intelligence**" に分けて捉えられています．

前者の言葉は，ジェームズ・スロウィッキー（James Surowiecki）が書いた本[27]のタイトルにもなっていますが，この本で書かれている概念が "wisdom of crowds"（「群衆の英知（叡智）」，または「群集の知恵」）と呼ばれています．本書では，**群衆の英知**と呼ぶことにします．この考え方を一言で説明するのは難しいのですが，簡単にいえば，ある種の意思決定や推定を行うのに，多くの群衆（一般人）の判断を集約したものは，一人の専門家（または専門家集団）の判断よりも，時に正確な場合があるということです．「ある種」と書いたのは，ありとあらゆる種類の意思決定や推定において成り立つとは限らないことと，適用可能な範囲を明確にすることが難しい点にあります．ただ，以下に示す事例からは，特に明示的な判断（値や型，成否などの推定）を行う場合には，当てはまることが多いことがわかります．詳しくは，次項で説明します．

後者の言葉は，日本語では**集団的知性**とも呼ばれます．この言葉も，一言で説明するのは難しいのですが，細菌や昆虫，動物，人間などにおいて，様々な個体が集まり，集団となった時に発生する進

化や行動，意思決定が，時に優れたもの（興味深いもの）であることを指します．「集団的知性」は，かなり広い研究分野で用いられる考え方です．生物学から社会学，経済学，数学，計算機科学まで，幅広く用いられています．「群衆の英知」が，その推定結果の出力に注目するのに対して，「集団的知性」では進化や行動，意思決定に至るプロセスに着目します．また，進化や行動，意思決定の形は，必ずしも形式的なものではありません．そのため，Web の進化の過程や Web 上でのユーザの意思決定の過程を考察するには，「集団的知性」の考えを基にする方が適しているのかもしれません．しかし，「集団的知性」の考え方や研究分野は広く，本書で全体像を説明するには，紙面が足りません．そこで，本書では「群衆の英知」についてのみ説明し，「集団的知性」については，「群衆の英知」を含む広い概念であるという理解に留めておいてもらいたいと思います．

3.1.3 群衆の英知とは

群衆の英知とは，ある種の意思決定や推定を行うのに，多くの群衆（一般人）の判断を集約したものは，一人の専門家（または専門家集団）の判断よりも，時として正確であるという現象を表します．この現象が当てはまりやすい判断には，明示的に用意されたオプションやカテゴリから最適（最善）なものを選ぶものや，解のある値の推定が挙げられます．

スロウィッキーの著書中の例としては，雄牛の重量を予測する実験において，群衆が予測した重量と実際の重量がほとんど違わなかったこと（群衆 800 人が予測した重量の平均は 1197 ポンドで，実際の重量は 1198 ポンドであったこと），選挙結果を予測し実際の

当選者を正しく予測できていれば賞金をもらえるという予測市場において，この予測市場の予測結果は他の全国世論調査の結果よりも優れていたことなどを報告しています．このような現象は，スポーツの勝者の予測の分野においても確かめられています[28]．このように，重量や当選者のように，ある値の予測やあるクラス（カテゴリやオプションの一般概念）への判別においては，一般の人々の判断を集約したものは，時として専門家の判断よりも正確なことがあるとわかります．

群衆の英知が，一般の人々の意見を集約すると，確からしい答えになることがあるということはわかりました．ここで Web について考えてみると，Web は一般の人々が提供した情報の集合体です．上記の例に挙げたような定型的なタスクではないかもしれませんが，Web でよく見られるタスク，例えば製品に対する評価（口コミ）や概念（事実）に対する説明といったタスクに対しても，群衆の英知はある程度機能することが期待されます．これが，完全さや信頼性が担保されない情報源であっても，人がそれを有効活用しようとする理由なのだと考えられます．

3.1.4 群衆の英知を形成する条件

群衆の英知を形成するには，以下の四つの条件があるといわれています[27]（図 3.1 参照）．

多様性（Diversity） 集団の意見は多様であるという条件です．予測を行う人は，正確な人もいるかもしれませんが，過度に偏った評価をする人もいるかもしれません．何らかの決まった集団（例えば，特定の組織に属する人々の集団や，特定の年齢

層に含まれる人々の集団）から評価者を選べば，その集団の特性としてどちらかに（正の値や負の値に）偏った評価をする人が多く含まれるかもしれません．しかし，集団が多様であれば，そのような偏った評価をする人たちの影響を相殺することができます．そのため，群衆は多様である方が良いといえます．

独立性（Independence） 個々人の意思決定は，他人の意見に影響されないという条件です．先ほど，雄牛の重量を予測する例を挙げましたが，前の人が推定した重量を教えてくれる方が，最終的には全体でより正確な結果を導き出せそうな気がします．しかし，そのような考えは間違いで，他の人の推定結果を提示しつつ判断や推定を求めると，回答を集約しても正確なものにはならないということです．このことは，ローレンツ（Jan Lorenz）らやキング（Andrew J. King）らの実験によって確かめられています[29),30),31)]．何も教えられないグループのグループ全体の予測結果は正確なものでしたが，グループの平均を教えられただけでも，グループ全体の予測結果は正解から逸脱する傾向が確かめられました．このことから，個々人は他人の意見には左右されずに独立に意見を提示する（値を推定する）ことが求められます．

分散性（Decentralization） 群衆は個々に平等であり，群衆の上に立って意見をまとめて提示したり，誘導したりするような人がいないという条件です．このことは，独立性に強く影響してきます．誰かがリーダーシップを取り，群衆の個々人が意見を述べる段階で，方向性を示してしまうと，独立性を担保することができなくなってしまいます．また，最初から意見の考え方

や数値の予測方法などを指示した上で，意見を提示させたり予測値を提示させたりすることも，好ましくありません．そのため，群衆の英知を引き出すための仕組みにおいて，評価者（意見を述べる人）は分散しているべきで，誰かが中央集権的に意見を集約して提示したり，意見の出し方を指示するようなことはあってはなりません．このような分散性は，自由市場の経済やpeer-to-peerのファイル共有システムなどにも見られ，金融商品の価値の予測や重要なファイルの発見において，うまく機能しているといえます．

集約可能性（Aggregation） 群衆が独立かつ分散的に，意見を提示してくれるのは良いのですが，それを集約するシステムが必要です．それらを集約する術を持たなければ，群衆の英知として一つの解を示すことができません．したがって，群衆の英知が機能するには，それらを集約可能な手法が存在していることが条件になります．一つの値を推定するのであれば，その平均や中央値を計算することが考えられます．しかし，どのような方法を採用するかは，対象とするタスクに応じて慎重に決めなくてはなりません．雄牛の重量を予測する問題では，人々の予測は正規分布に従うものと思われますが，真珠の美しさの判定のような問題では，人々の判定は自信がなくて「どちらでもない」の評価に偏ったり，人により美しさの基準が異なり，「美しくない」と「美しい」に評価が割れたりする可能性があります．前者は算術平均を用いることができますが，後者でどのような集約を行うかは簡単には決められないと思います．また単純であるが強力な集約手法として，価格があります．これは自由市

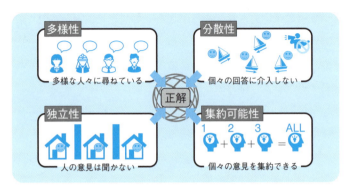

図 3.1 群衆の英知を形成する条件

場で見られる集約で，例えば企業の価値の判定は，株式市場における株価が反映しているといえます（その価格で売りたい人と買いたい人が拮抗している状態．ただし，投機的な売り買いは除きます）．対象とするタスクによっては単純な手法が有効な場合もありますが，慎重に集約手法を決める必要があります．

3.2 Webと集合知

群衆の英知が一般の人々の意見や決定を集約したもので，それが時に専門家の意見や決定より正確なこともあるということはわかりました．また，群衆の英知が特にうまく機能する条件についてもわかりました．現在多くのWebのサービスにおいて，人々から情報提供してもらっているのには，サービス提供者とユーザの双方が群衆の英知の効用を何となくわかっているからではないかということまで推測することができました．確かに現在，成功し生き残っているWebのサービスは，人々の情報提供に基づいているものが多い

のですが,その成功の要因はユーザ主導であるという特徴だけなのでしょうか? 何が,サービス存続の要因になっているのでしょうか? それを紐解く考え方に「Web2.0」というキーワードがあります.「Web2.0」というキーワードは,2004 年に発表されたものです.本書の執筆時点では,かなり古いキーワードになってしまいましたが,現在の Web の姿につながる重要な転換点を示唆したキーワードであるといえます.そこで,本節では「Web2.0」というキーワードを中心に採り上げ,現在人気を得ている Web の姿の本質に迫りたいと思います.

3.2.1 Web2.0 と は

Web2.0 とは,一般ユーザが中心となって情報やコンテンツを提供し,それをサービスの価値とする Web の形態を指します.このようなサービスは,2000 年頃から多く見られるようになってきました.「Web2.0」というキーワード自体は,ティム・オライリー(Tim O'Reilly)によって 2005 年に提唱されました[32].当時,大変なブームになったキーワードです.「Web2.0」というキーワードが注目を集めたのには,二つの理由が考えられます.

一つは,インターネット関連のビジネス動向です.アメリカでは 2000 年前後に,インターネット関連企業の株価がうなぎ上りに上昇しました.いわゆるインターネットバブルです.インターネット関連ビジネスというのは,それほどまでに将来を期待されたものであったとわかります.しかし 2001 年に入ると,その株価は暴落の一途を辿ります.インターネット関連ビジネスに多くの企業が参入したため,市場競争が激しくなり,株式市場はその将来性に疑問を

持ち始めたからです．しかし，インターネット関連企業の中には生き残って成長を続けた企業もありました．「Web2.0」という言葉が表しているインターネット関連ビジネスの特徴は，この生き残った企業のサービスに当てはまるものが多かったのです．

もう一つの理由は，「集合知」や「群衆の英知」という言葉と同時に出てきたことにあると考えられます．Web2.0 は，ビジネス上の特徴に注目したものでしたが，当時の人々の Web の使い方を象徴するものが集合知や群衆の英知という概念でした．これらの概念は，一般ユーザの情報提供を有効活用するというサービスの特徴に当てはまっていました．ビジネスとして生き残る条件と，その背後にある人々の Web の利用動向，これら二つが Web サービスの成功を相互補完的に説明可能であったのです．そして，「Web2.0」と「集合知」（または「群衆の英知」）というキーワードは，その後の Web サービスの設計時には，考慮せざるを得ないものになりました．

3.2.2 Web2.0 以前

Web2.0 の話を始める前に，Web2.0 以前の Web とはどういうものだったのでしょうか？ Web2.0 以前の Web は，時に「Web1.0」といわれることがあります．これは，「Web2.0」に対比させる目的で出てきたキーワードですが，コルモード（Graham Cormode）とクリシュナムルティ（Balachander Krishnamurthy）が端的にその特徴を語っています[33]（図 3.2 参照）．彼らによると，Web1.0 では，コンテンツ作成者側に一般ユーザ（何かの専門家や権威ではない普通の人々，または特に IT の専門知識を持たない普通の人々）はほとんどおらず，大多数のユーザは単にコンテンツを消費するだ

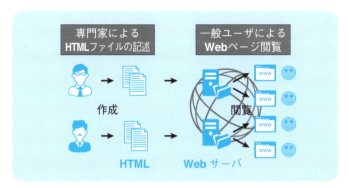

図 3.2 Web1.0 の時代の情報提供と閲覧

けであるとしています．また Web1.0 では，コンテンツはインターネットサービスプロバイダが提供する Web サーバ上で提供される静的なページで提供されていました．今のように，リレーショナルデータベースで駆動されるコンテンツ管理システムは存在せず，静的な Web ページの HTML ファイルをサーバのファイルシステム上で提供していました．すなわち，事前に HTML ファイルとして保存していた内容をそのまま，ユーザの Web ブラウザに表示していました．他のユーザとのインタラクションは，それらのページとは独立に立ち上げたゲストブック（掲示板）に頼っていました．そのため，コンテンツを基に Web 上のユーザ同士がインタラクションを取り合うような環境ではありませんでした．

3.2.3 Web2.0 の特徴

Web2.0 に当てはまるサービスの特徴は，この言葉の提唱者であるオライリーによってもまとめられていますし[32]，それを受けてさらに多くの研究者によってまとめられています[34],[36],[37]．最初に，

オライリーがまとめた Web2.0 の特徴を紹介します（読者のわかりやすさを優先して，原著の節タイトルを直訳するのではなく，わかりやすくいい換えて項目名を設定しています）．

1. プラットフォームとしての Web

　Web は，もともとインターネット上の情報共有を行うアプリケーションとして，バーナーズ＝リーによって開発されました．Web が誕生した当初（1990 年代中頃）は，情報提供を目的に静的な Web ページが多く立ち上がりました．しかし 1990 年代後半になると Web ベースのメールサービスが提供され，2000 年代になると Web ページを開設できるブログが流行し，2000 年代中頃にはワープロやスプレッドシートなど，これまでパッケージソフトウェアとして提供されていたアプリケーションも Web 上で実現されるようになりました．Web2.0 の特徴の一つとして，単なる情報提供媒体にとどまらず，人々がその上で作業を行ったり，人とコミュニケーションを取ったりするためのプラットフォームの役割を持っていることが挙げられます．

2. 集合知の活用

　Web2.0 以前は，Web 上で提供されるコンテンツは，その分野の権威や専門家が書いたものがほとんどでした．百科事典のサービスも Web 上で提供されていましたが，それはある企業が各分野の専門家に執筆を依頼したものでした．すなわち Web での情報共有は，ごく限られた専門家や，PC に詳しいマニアのみが情報提供を行い，一般のユーザはそれを読むだけの存在でした．しかし，Web2.0 のサービスでは，多くの一般のユーザにも情報提供をしてもらえるよ

う，特別な知識がなくても Web ページを公開できたり（ブログ），さらに簡易な情報提供を行えたり（マイクロブログや口コミサイト）できるようになりました．百科事典のサービスも Wikipedia のように，誰でも記事を投稿できるようになりました．コンテンツを検索するための分類体系も，専門家が作成したようなもの（タクソノミー）ではなく，一般のユーザが自由に付与したもの（フォークソノミー）が使われるようになりました．このように，一般のユーザの知識を有効活用するようになったのが特徴です．

3. データ駆動での実現

Web2.0 以前は，Web 上のコンテンツは，あらかじめ HTML で書かれた静的な Web ページでした．しかし，Web2.0 のサービスでは，背後に膨大なデータを抱えており（リレーショナルデータベースというデータベースに保存されていることが多い），そこから選択されたコンテンツを表示したり，そのデータを解析した結果を提供したりしています．前者の代表例はブログです．ブログ記事は一つ一つの HTML ファイルでサーバのファイルシステム上に保存されているわけではなく，サーバのデータベースに保存されており，そこから内容だけ取り出し，HTML の形式で Web ブラウザに送信しています．後者については，例えば口コミサイトでは，たくさんのユーザの商品に対する評価値（rating）データを持っており，それを集計した結果を返してくれます．また，検索エンジンの検索結果は，どのページがどれだけのリンクを他のページから集めているかという情報を用いて結果を返しています．単にコンテンツをデータベース上に持つだけでなく，それらを集約したり，それを高度

なサービスに利用したりしているわけです．これらの例のように，データに基づき高度なサービスを実現することを「データ駆動」と呼びます．Web2.0 のサービスはデータ駆動で実現されていることが多く，それにより高い付加価値を提供しています．

4. サービス指向

　Web2.0 以前の時代のアプリケーションは主にパッケージソフトとしてリリースされ，ユーザにより PC にインストールして使ってもらっていました．アプリケーションが更新されれば，アプリケーションを買いなおしてもらうか，更新の差分をダウンロードしてインストールしてもらうかしていました．一方，Web2.0 のアプリケーションは，Web ブラウザからアクセスして利用します．そのため，アプリケーションに何か不具合がありアップデートする場合には，単に Web サーバ上にあるアプリケーションを更新するだけで良く，ユーザは自分の PC のアプリケーションを更新したり，アプリケーションを再インストールしたりする必要はありません．すなわち Web サーバのアップデート後すぐに，ユーザは新しいアプリケーションを使うことができます．そのため，アプリケーションやサービスによっては，いつまで経っても β 版（アプリケーションの正式版ではなく，開発途上のものをユーザに先行で使ってもらっているもの）として運用しているものもありました．このサービス形態での提供により，新しいサービスやアプリケーションをいち早くユーザに使ってもらえるようになりました．

5. 簡易なプログラム実装

　Web2.0 のアプリケーションは，軽量で簡易なプログラミング環

境で実現されています．従来のアプリケーションは独自のプロトコル（通信規約）で独自のソフトウェアとして実装されてきました．しかし，Web2.0 のアプリケーションは，Web 上の規格化されたプロトコル（REST や SOAP）を用いて実装されています．規格化されることにより，アプリケーション間の相互運用性が高まりました．また，誰でも利用可能な Web 上の API が多く提供されるようになったため，それを用いて実装されたアプリケーションも多くなりました．これらのプログラミング環境や API を用いて，既存の情報を加工，編集することで，新しいサービスを提供すること（マッシュアップと呼ばれます）が，一つの実装形態となりました．マッシュアップにより，低コストでアプリケーションやサービスの開発を行うことが可能になりました．

6. マルチプラットフォーム対応

多くのソフトウェアは，特定の OS（コンピュータを利用するのに必要な基本機能を実現したソフトウェアで Operating System の略）を対象に実装されてきました．例えば，Windows 用であったり，Mac OS 用であったり，Unix 用であったりです．しかし，Web2.0 のサービスは，Web を通じて利用しますので，これらの OS によらず利用することができます．また，Web ブラウザは PC だけではなく，2000 年代前半によく用いられた携帯電話や携帯端末（BlackBerry や WindowsCE 端末）から，近年広く普及したスマートフォンまで，デバイスを問わず実装されるようになりました．これにより，ユーザはいつでもどこでもサービスを利用し，そのサービス上で情報提供を行うようになりました．これは，すなわちサー

ビス提供者側は一般の人々の行動データ（時間情報や時に場所情報を含む）を取得できるようになったことを意味します．

7. 高度なユーザインタフェース

Web2.0 以前は，Web 上のコンテンツは，あらかじめ HTML で書かれた静的な Web ページでした．つまり，誰がアクセスしても同じ Web ページが表示され，ユーザがページ閲覧中にどのような行動をとったとしても，ページの内容が変化するということはありませんでした．Web2.0 のサービスは，AJAX と呼ばれる技術により動的にサーバにアクセスし，Web ブラウザに表示されている Web ページの内容をリアルタイムに更新します．この技術を用いると，ページのスクロールとリンクをクリックすることぐらいしか操作を行うことができなかった Web ページを，より高度なユーザインタフェースを備えた Web ページにすることができます．これにより，サービス上でのユーザ経験（ここでのユーザ経験とは，サービスを利用するために必要な情報の入力の行いやすさや，出力された情報の見やすさなど，利用上の操作に関する経験を意味します）は，Web1.0 とは比べ物にならないほど優れたものになりました．PC のパッケージソフトウェアに匹敵するような使い勝手になったのです．

これら七つの特徴を見てみると，2000 年代中盤以降の Web のサービスは，従来の Web やソフトウェアとは大きく違う特徴を持っていることがわかります．なるほど，2005 年当時の人々が，この概念に驚嘆を覚えたのも無理もない話です．しかし，この原稿を書いている 2018 年現在では，Web2.0 のこれらの特徴の中にも，その後のサービスに強く影響したものとそうでもないものが混在している

ことがわかります．技術はいずれ進化していきますから，技術により実現された特徴は，それほど重要なものではないと思われます．オライリーによる Web2.0 の発表後，様々な研究者により Web2.0 のサービスの特徴がまとめられましたが[34),35),36)]，それらも考慮すると，以下の三つの特徴が Web2.0 の特に重要な特徴として挙げられると思います（図 3.3 参照）．

(1) **ユーザ自身によるコンテンツ作成**

誰でも自由にコンテンツを提供できるという特徴です．これにより，誰もが興味のある一般的なトピックだけでなく，ごく少数の人しか興味を持たないようなニッチな内容までもカバーすることができるようになります（ロングテールといいます）．かなりニッチな嗜好を持っているユーザであっても，またかなり特殊なライフスタイルのユーザであっても，自分と近いユーザが発見でき，その人たちの投稿を楽しむことができるようになります．

(2) **サービスとしての実装**

PC にインストールするアプリケーションとして実装されているのではなく，共通のプラットフォーム（Web ブラウザ）で動作するサービスとして提供されているという特徴です．これにより，ユーザは任意の端末から，いつでも最新のサービスを使うことができるようになります．ユーザが投稿した情報はコンテンツ管理システム（図 3.3 では CMS（Content Management System）と表記）により管理され，アクセスする端末に応じた表示機能を担っています．これは，ユーザからアプリケーション利用の制約を開放し，自宅や職場にい

る時だけではなく，通勤中や運動中などでも，そのサービスにアクセスしコンテンツを提供してもらえることを意味します．上記でも述べましたが，実世界のあらゆるシーンにおいて，ユーザの行動ログをサービス提供者側が取得できるようになったことは革新的であったと思います．

(3) データ指向・集合知活用

多くの人から集めた大量の知識や行動データを，人類共通の資産として活用しているという特徴です．テキストデータだけでなく，評価値やタグのような，より形式的なデータも収集することが重要です．コンピュータをより知的にするためのボトルネックは，コンピュータに誰が知識を入力するかという問題にありました．たとえ一人一人の知識は不完全でも，多くの人の知識があればそれが相互補完を行い，より適切な知識になっていくものと思われます．個々人の知識を全人類の知的財産として活用し，より高度で文化的な生活の実現を目指すべきかと思います．

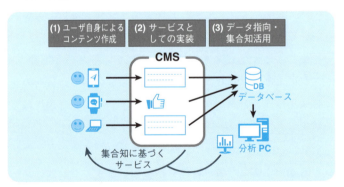

図 3.3 Web2.0 の本質的特徴

社会を映すソーシャルメディア
－ソーシャルメディア分析－

　社会学の研究分野では，実社会で起きている現象の実態や，その現象の起こる原因に関するメカニズムを解明することが主な研究目的です．近年のソーシャルメディアの発達により，人々はコンピュータ上で結び付きを構築するようになり，人々のつながり（社会ネットワーク）が外部から観測可能になりました．これにより，社会ネットワークの研究方法にパラダイムシフトが起きました．また，スマートフォンに代表される携帯端末の普及により，人々は外出時でもWebやソーシャルメディアのコンテンツにアクセスし，また自ら情報を発信するようになりました．これにより，現実世界で起こった出来事も常時，観測可能になりました．従来であれば全国規模でアンケートを行わないとわからなかったようなトレンドや現象も，リアルタイムに検出できるようになりました．ソーシャルメディアが，社会や現実世界を知るためのソーシャルセンサとして機能するようになりました．本章では，現実世界のネットワークの分析と，人々が発信した投稿からの社会イベントの検出について採り上げます．

4.1 スモールワールド実験

Webやソーシャルメディアの発展により,現実世界のネットワークの分析が盛んに行われるようになりました.しかし,それ以前から社会学の分野では,人と人とのつながり(**社会ネットワーク**)がどのようになっているかに関心を持ってきました.本章では,Webやソーシャルメディアのネットワークの分析について紹介しますが,最初にこれまで社会学の分野で,どのように社会ネットワークの研究が行われてきたのかについて紹介します.

我々は,「世間は狭い」という言葉をよく使います.例えば,取引先の営業担当者が自分の母校の出身であったり,妻(夫)の友達が自分の企業の同僚であったりという時に使います.すなわち,自分とは遠い関係だと思っていたのに,これまでの過去の友人のつながりを辿ってみると,意外と近い関係であった時に使います.これまでの人生の中で,このような経験をしたことは,誰しも一度や二度はあるのではないでしょうか?

同様のことは,科学者(特に社会学者)も感じてきました.そして,それは20世紀の初頭から,学術界でも言及されるようになりました.それを確かめるのに,最も有名な実験を行ったのは,社会心理学者のスタンレー・ミルグラム(Stanley Milgram)です.彼は,1967年に**スモールワールド実験**(**small world experiment**)という実験を行いました[37].これは,世界(実験ではアメリカ)中の人々から任意の二人を選んだ時に,その片方の人から知り合いを辿り,さらにその知り合いを辿っていくと,意外に近いステップ数でもう片方の人に辿り着くのでは?という仮説を検証するものでし

た．実際には，それを手紙の受け渡しという方法で行いました．具体的な実験方法は以下の通りです．

(1) アメリカ・ネブラスカ州のオマハという町の住人にランダムに手紙を送り，これをマサチューセッツ州のボストンに住むある株仲買人（これを受取人と呼ぶ）に手渡しで渡して欲しいと頼む．

(2) その手紙には受取簿がついており，被験者は受け取ったら，そこに自分の名前を追記する．

(3) 被験者は，受取人と知り合いであれば（アメリカでの実験なので，「ファーストネームで呼び合う仲」というのが，「知り合い」の定義），直接に受取人に手渡す．

(4) 被験者は，受取人と知り合いでなければ，その受取人を知っていそうな友達や親せきにその手紙を転送する．

(5) 最終的に，手紙が受取人に辿り着いたら，受取簿に書いてある名前の数を確認し，辿り着くまでの転送数（ステップ数）または仲介者数を計算する．

彼は，296通手紙を送ったところ，実際に受取人に着いたのは，64通でした（ミルグラムは何回か実験を試みていますが，文献37)の結果を紹介します）．受取簿の数を見ると，3ステップ（仲介者数は2人）ほどの短い距離で辿り着いた場合もあれば，10〜11ステップ（仲介者数は9〜10人）かかったものもありました．その平均は6.5〜7回程度（仲介者数でいうと5.5〜6人程度）でした（図4.1参照）．「世間は狭い」という言葉を身をもって思い知らされた結果でした．これに続き，他の多くの研究者も同様の実験を行いました．これらの実験の結果を平均すると，やはり人と人との間の仲介者数

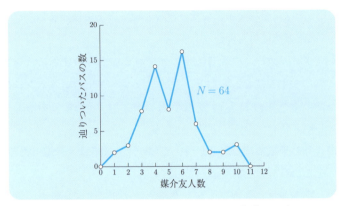

図 4.1 ミルグラムのスモールワールド実験における媒介友人数と辿り着いたパスの数
(文献 37) より転載)

の平均は5～7程度でした．そして，これらの結果は，人々は6人程度の仲介者でつながっているということを表す **6 次の隔たり**（six degrees of separation）という言葉を生みました．また，このように少ないステップ数で（仲介者数で）任意の人同士がつながることを**スモールワールド現象**（small world phenomenon または small world effect）と呼びます．

　これらの実験結果は興味深いものでありましたが，いずれもある人からある人への手紙の転送という，人々のネットワーク全体を分析したものではなく，そのネットワーク内でのごく限られた範囲内での施行を繰り返したものに過ぎませんでした．実験参加者は，受取人に最も近い友人を把握しているはずがなく，あくまで自分の知っている範囲で，受取人に近そうな人を推測したに過ぎません．そのため，実験で得られたパスのステップ数は，本当の社会ネット

ワークにおける最短経路の長さ（4.2.2項参照）とは限りません．それが理由かどうかはわかりませんが，その後はこのスモールワールド実験に関する研究は，注目されなくなってしまいました．

4.2 実ネットワーク分析

近年のWebとソーシャルメディアの発達により，数千万あるいは数億というノード数（社会ネットワークでいうと人の数）に及ぶ大規模な現実世界のネットワーク（本章では「実ネットワーク」と呼びます）にアクセスすることが可能になりました（実際にアクセスできるのはサービス提供者に限られるケースがほとんどですが）．これにより，実ネットワークの分析に関する研究が多く行われるようになりました．本節では，初めに実ネットワーク分析を理解するのに必要なグラフ理論の基礎について述べた後，実ネットワーク分析で用いられるネットワーク評価指標，中でもスモールワールド現象を評価する指標について説明します．その後，大規模な実ネットワークを分析した研究事例を紹介します．

4.2.1 グラフ理論の基礎

現実世界のネットワークには，人々のつながりである社会ネットワークや，都市や駅の間を結んだ交通ネットワークなどがあります．これらのネットワークの構造に注目すると，それはあるオブジェクト（人や都市）が別のオブジェクトと関係があればつながりが付与され，なければつながりは付与されないという構造をしています．

このような構造を数学的に解析する方法として，古くから**グラフ理論**が用いられてきました．グラフ理論では，オブジェクトをノー

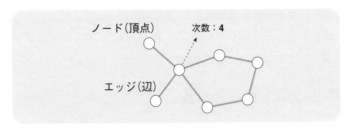

図 4.2 ネットワーク（グラフ）の構成要素

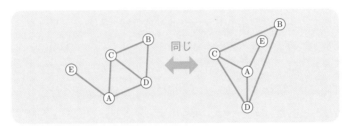

図 4.3 トポロジーの概念

ドまたは頂点（**node**），つながりを**エッジ**または**辺**（**edge**），それらが組み合わさったものを**グラフ**（**graph**）と呼びます（図 4.2 参照）．グラフ理論で注目するのは，オブジェクト同士のつながり方です．そのため，図 4.3 にあるような，紙の上での表現上の位置の違いは考慮に入れません．このような考え方を（ネットワーク）トポロジーといいます．

Web のネットワークや，Twitter のフォローネットワークでは，相手からの承認なしに，ページにリンクを張ったり，人をフォローしたりすることができます．この場合，エッジには向き（direction）が存在します．このようにエッジに方向があるグラフのことを**有向グラフ**（**directed graph**）といいます．一方，Facebook のような相手が

承認しない限りは友達登録できないようなサービスでは，エッジに向きは存在しません．このようにエッジに方向がないグラフのことを**無向グラフ**（**undirected graph**）といいます．また，それぞれのノードが持つエッジの数を**次数**（**degree**）といいます（図 4.2 参照）．

4.2.2 スモールワールド性に関する評価指標

現実世界のネットワークには，いくつかよく見られる特徴があります．中でも，スモールワールド現象は，多くの実ネットワークに見られます．比較的大規模なネットワークであっても，あるノードからあるノードに短いステップ数で辿り着くことができる性質を**スモールワールド性**といいます．スモールワールド性を評価する最も代表的な指標に，**ノード（頂点）間距離**（**path length**）があります（**経路長**とも呼ばれます）．これは，任意の二つのノード間の最短経路のステップ数を表します．以下の説明では，これを l という変数で表すものとします．あるグラフのノード数を n とすると，二つのノードの組合せは，$n(n-1)/2$ 個になります．それら全てのペア（ノード i とノード j）における，ノード間距離 $l_{i,j}$ の平均を求めたものは**平均ノード（頂点）間距離**または**平均経路長**（**average path length**）と呼ばれます．平均経路長 L_{avg} は具体的には，以下の式で算出されます．

$$L_{\mathrm{avg}} = \frac{1}{n(n-1)/2} \sum_{(i,j)}^{n(n-1)/2} l_{i,j}$$

多くの実ネットワーク分析の研究で用いられる評価指標ですので，覚えておくと良いでしょう．

4.2.3 無向グラフの分析

 ここでは，実ネットワークの中でも，ソーシャルメディアにおける社会ネットワークに焦点を当て，それらを分析した研究を紹介します．特に，会話というインタラクションにより構成された社会ネットワークと，相互承認型の SNS で見られる社会ネットワークを採り上げます．

会話による社会ネットワークの分析

 実際の大規模な社会ネットワークの分析を行った研究事例として，レスコベックとホービッツ（Jure Leskovec and Eric Horvitz）が，MSN メッセンジャーの会話ログに対して行った研究があります[38]．彼らは，MSN メッセンジャーで交わされた会話により構成された社会ネットワークを分析しました．MSN メッセンジャー自体は，1：1（あるいは少数のグループ）で電子的な会話を行うサービスですが，この会話が行われた人々の間につながり（エッジ）があるものとみなすと，このつながりは社会ネットワークになります．MSN メッセンジャーには，2億4000万のユーザと300億もの友人関係（会話関係）がありました．実際に彼らの分析対象となったのは，1億8000万のノードと13億のエッジ（無向のエッジ）を持つ社会ネットワークでした．

 彼らの研究で最も価値があるのは，実際の大規模な社会ネットワークに対して平均ノード間距離を初めて求めた点です．社会学者が長年，手紙の受け渡しという形式で試みてきた社会ネットワークの構造を，全てのユーザ間の経路を調べることにより明らかにしたのです．これまで，多くの社会学者がサンプル的に行った調査では，

6次の隔たりが確認されていました．すなわち，大規模な社会ネットワークであっても，平均ノード間距離は6程度であるという予測です．レスコベックとホービッツは，上記のネットワークにおいて，全てのユーザペアにおける平均ノード間距離を計算したところ6.6になりました．この研究にて，ようやく人々のつながりは，せいぜい6ステップ程度の距離しか持たないことが示されたのです．

相互承認型SNSネットワークの分析

多くのSNSでは，各ユーザは自分がつながりたい相手に友達申請を行い，それが認められれば自分の友達として相互に登録されます．このような方式を採用するSNSを，相互承認型SNSと呼ぶことにします．ここでは，実際の相互承認型SNSで構成されている社会ネットワークを分析した研究事例を紹介します．最も代表的な研究は，バックストローム（Lars Backstrom）らがFacebookの社会ネットワークに対して行った調査です[39]．彼らはFacebookの研究者なので，Facebookの完全な社会ネットワークを得ることができます．そこで，2011年5月時点のFacebookの社会ネットワーク（7億2100万人のユーザと690億のつながり（ユーザ間の友達関係））に対して分析を行いました．これだけの規模を持つネットワークの分析は，世界でも初めてのことでした．このような大規模なネットワークの分析を可能にしたのは，HyperANF[40]という分析ツールが開発されたことにあります．

彼らの最も重要な発見は，ミルグラム（Stanley Milgram）の実験に端を発する平均ノード間距離に関するものです．Facebookユーザの平均ノード間距離はわずか4.74でした．そして，ノード間距

離の分散も 0.09 という小さなものでした．これだけの大規模な社会ネットワークであるにも関わらず，その隔たりの大きさは社会学者が唱えていた 6 次の隔たりよりもはるかに小さいものでした．

彼らはこのような分析を時系列でも行っており，毎年 1 月 1 日の時点での社会ネットワークに対して分析を行っています．そして 2007 年から 2011 年にかけて，平均ノード間距離の値がどのように変化したかを分析しています．また，地域単位でも分析を行っており，北米，イタリア，スウェーデンの三つの地域を採り上げています．Facebook のサービスが提供されて間もない 2007 年頃のイタリアとスウェーデンでは，まだユーザ規模が大きくないのにも関わらず，平均ノード間距離がイタリアでは約 10，スウェーデンでは約 6 と高い値になっています．しかし，1 年あるいは 2 年もすると，4〜5 程度に収束し，その後はほぼ一定になっています（図 4.4 参

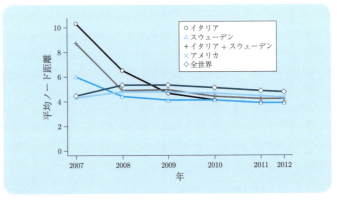

図 4.4 アメリカ，イタリア，スウェーデン，イタリア＋スウェーデン，全世界の，年ごとの平均ノード間距離
（論文 39) より著者の了解を得て転載）

照).ノード間の分散も,最初はこの両国では高い値になっていますが(イタリアで約 32,スウェーデンで約 4),やはり 1 年あるいは 2 年で低い値(0.1 程度)に収束しています.2007〜2008 年においては,両国のユーザの平均次数がまだ低く,到達可能なユーザペアの数も少ないため,社会ネットワークとしては未成熟であったことが理由であると思われます.この結果は,本物の SNS のネットワークがどのように成長していくのかを考察するのに貴重なものであるといえます.

バックストロームらの実験結果は,社会ネットワーク分析の文脈で社会学の研究分野にどのような意義をもたらしたのでしょうか?数百億ものつながりを持つネットワークを完全に分析したという点での貢献は,疑いようのないほど価値の高いものです.計算機科学者でなければ,これほどの規模のネットワークを分析することはできなかったでしょう.また,それ以前に情報通信技術の発達がなければ,可視化された(計算機で探索可能な)社会ネットワークを得ることはできませんでした.

しかし,一方で Facebook の友人関係は,現実世界の社会ネットワークとは,完全に一致するものではないという欠点もあります.全ての人間が Facebook のアカウントを持っているわけではありませんし,たとえアカウントを持っていたとしても,ほとんど使っていないユーザもいます.また,ミルグラムの実験では,ファーストネームで呼び合う仲を知り合いであるとみなしていますが,Facebook で登録した友人には,仕事の知り合いや学生時代の恩師など,とてもファーストネームで呼ぶことはできないような人もいるはずです.ファーストネームで呼び合うという,かなり親しい間

柄を知り合いと定義するのであれば，今回のこの調査結果は，現実のものとはかなり異なる恐れがあります．

とはいえ，人々の人間関係は現実世界のものが絶対で，SNSはその一部を切り取ったものに過ぎないという考え方は危険です．現代社会では，人がどのように人間関係を構築し，それを維持していくのかは，Web出現以前と出現後では全く異なるからです．サイバー空間上でのコミュニケーションを断ち切るということは，ある意味，その人の人格の半分を失うことになりかねません．バックストロームらの実験結果の価値は，そのような時代背景も考慮して見極めないといけません．

4.2.4 有向グラフの分析

ここでは，実ネットワークの中でも，エッジに方向を持ったものの分析事例を紹介します．

興味ネットワークの分析

ソーシャルメディア分析の中で最もよく用いられるメディアは，マイクロブログサービスであるTwitterです．Twitterでもユーザとユーザの間で関係を登録できるのですが，これは相手の承認を得ることなく一方的に登録することができます．これをフォロー（follow）といいます．一般にフォローの機能を備えるサービスでは，誰かをフォローすると，その相手の発信する情報を購読することになり（日常的に読める状態にすること．購読料を支払うわけではない），相手の発信する情報がタイムラインと呼ばれる画面（自分が日々目にする画面）に現れるようになります．一方，フォロー

された相手は，フォローしてきたユーザの発信する情報はタイムラインには表示されません．互いにそれぞれが発信する情報を，常時確認し合えるようにするためには，互いにフォローし合わないといけません．すなわち，フォロー関係は単方向の関係であり，方向付きのエッジであるといえます．よって，フォローで構成されたネットワークは有向グラフ（エッジに向きのあるグラフ）であるといえます．フォローという関係は，現実世界での友人関係を表していることもありますが，単に相手の発信する情報に興味を持っているということだけ（現実世界で関わりがあるとは限らない）を表していることもあります．このようにエッジの意味が単一でないことから，Twitterのフォローネットワーク（ユーザのフォローという行為で構成されるネットワーク）は多くの研究者の興味を惹き付けています．

Twitterのフォローネットワークに対して，初めて大規模な実験を行ったのはカク（Haewoon Kwak）らです[41]．カクらは，Twitterの研究者ではありませんので，まずはTwitterのフォローネットワークを収集することから始めました．この収集のために，あるユーザを起点に幅優先探索（あるユーザがフォローしている全てのユーザ（フォロウィー，followee）を取得し，またユーザをフォローしている全てのユーザ（フォロワー，follower）を取得し，取得した新たなユーザ群に対して同じことを繰り返す）を行いました．その結果，4,170万人のユーザから構成されるフォローネットワークを取得しました．

MSNメッセンジャーの会話ネットワークとFacebookの社会ネットワークの分析での最も重要な発見は平均ノード間距離にあり

ました．しかし，カクらが行った研究での最大の功績は，従来の研究のようなスモールワールド性に関するものではなく，Twitter のフォローネットワークの非対称性にありました．それはすなわち，フォロー関係にあるユーザペアにおいて（そのフォローの向きに関わらず），相互にフォローしている割合はわずか 22.1% しかなく，77.9% が一方方向であるということでした．Twitter を SNS の一つとみなす研究者もいますが，この研究結果以降，Twitter のユーザネットワークは，実世界の人間関係を表した社会ネットワークというよりも，人々の興味の関係を表した**興味ネットワーク（interest graph**）であるとみなされるようになりました．

　また，これまでの研究と同様に任意の 2 人のユーザ間の隔たりを表す平均ノード間距離も調べました．エッジの大部分が一方方向であったことから，隔たりの次数は一般に知られていた 6 次よりも大きくなると予想していました．しかし，結果はその逆で隔たりの平均次数は 4.12 に過ぎず，ペアの 70.5% は 4 以下の次数，97.6% は 6 以下の次数しか持たないことがわかりました．これは，エッジに向きがあることから，非常に多くのフォロワーを集めているユーザが存在するためだと思われます．このことも，情報拡散を行うメディアとしての強力さを示すこととなりました．

4.3 社会イベントの検出

　従来，人々が情報発信を行う場所や時間は，自宅で一人になりPCに向かっている時やオフィスで仕事をしている時など，非常に限られたものでした．しかし，今では人々はスマートフォンを持って外出し，好きな時間に好きな場所で情報発信を行うようになりました．この原稿を書いている2018年現在では，人々が最もよく用いている情報端末はスマートフォンですが，10年，20年後には，全く違う形態の情報機器を用いているかもしれません．しかし，情報機器が小型化し，いつでもどこでも情報閲覧できるようになった現状から後退することはないと思います．どのような形態の端末であったとしても，人々は情報閲覧や情報発信に対して，今存在している制約からは，より開放されているものと思われます．スマートフォンとソーシャルメディアというハードウェアとソフトウェアの両方の革新により，人々は社会で起きたこと，目にしたこと，個人の体験などを，電子化した形式で広く共有するようになりました．そのため，Webおよびソーシャルメディアは，社会で起きたイベントや起こりつつあるトレンドなどをいち早く検出することができるソーシャルセンサとして働くことになりました．特にマイクロブログサービスであるTwitterは，140字という字数制限を設けたことで，人々はより気楽に情報発信するようになりました．ここでは，ソーシャルメディアにおける投稿を用いた社会イベント検出の研究事例について紹介します．

4.3.1 ニュースの検出

ニュースの発見事例

　Twitterのサービスが開始されたのは2006年7月ですが，Twitter上のつぶやきから大きなニュースが発見されるようになったのは，3年ほど経過した2009年頃になります[42]．例えば，2009年6月25日にマイケル・ジャクソン（Michael Jackson）が亡くなりましたが，この時に911の緊急通報で救援を求めた20分後には，マイケル・ジャクソンの急死に関するツイートが投稿されました．これに対して，既存のニュースメディアで，初めてこのニュースを報道したのは，通報から2時間後でした．ニュースの速報性という点において，ソーシャルメディアが既存メディアに勝った事例の一つです．また，2009年のイランの選挙では，報道規制が厳しかったイランにおいて，その国で何が起きているのかが市民によりTwitterに投稿され，それがリツイートされることにより世界中に拡散されました．世界中の人は，ソーシャルメディアにより，イランで何が起きているのかを知ることができました．これも，既存メディアでは実現できなかったニュースの発見事例の一つです．

　日本では2010年に動画共有サイトYouTubeに尖閣諸島沖で日本の巡視船と中国漁船の衝突する映像が流出し，それから多くの報道機関でそのことが報道されました．2011年の東日本大震災では，人々が地震や津波の映像を撮影し，発信しました．それらの映像は，多くの報道機関で利用されることになりました．従来はテレビ局や新聞社などのマスメディアが事件やイベントを発見し，それについて調査を行い，まとまったニュースとして配信していました．しか

し上記の例からわかるように,先に人々が世の中のニュースを知り,それをソーシャルメディアに投稿することで,マスメディアがその事件やイベントの存在を知り,記事にすることが増えてきました.従来のニュースの伝達とは逆の流れが起きつつあるといえます.

トレンドトピックの鮮度

実世界・実社会で起きたイベントがどれだけ Twitter でつぶやかれているかを考える際には,二つの観点があります.一つは,どれだけ早くに誰かにつぶやかれたかで,もう一つはどれだけたくさんの人につぶやかれたかです.これらの観点について最初に研究を行ったのはカク(Haewoon Kwak)らです[41].彼らは,Twitter がサービスとして提供しているトレンドトピックの内容と Google がサービスとして提供している人気キーワードリスト,および CNN のヘッドラインニュースを比較しました.Twitter のトレンドトピックとは,Twitter で今まさにつぶやかれているキーワード(トピック)です.Google の人気キーワードリストは,最近よく検索に用いられるキーワードを示したものです.ただし,Twitter のトレンドも,Google の人気キーワードリストも,その選択のアルゴリズムは非公開ですので,あくまで目安程度になります.

彼らは最初に,Twitter のトレンドと Google の人気キーワードとの新鮮さ(目新しさ)に注目しました.すなわち,そのトレンドがどれだけ新しいかを,「その日のうち」,「一日経過」,「一週間経過」,「それ以上」の4段階で調査しました(ただし,新鮮さの具体的な計測方法については,記載されていません).その結果,Twitter のトレンドは Google の人気キーワードよりも,新鮮さが低い,す

なわち古いトピックを扱っていることがわかりました．これは意外な結果にも思えます．しかし，よく考えてみてください．何か新しいことが世の中で起きつつある時，あるいはある事件が起こった時に，多くの人はそのことについて情報発信するよりも，まずは検索するのではないでしょうか？　また，Twitter のトレンドとして現れるのは，ある程度の数のツイートが出てきてからだと思われます．そのため，Twitter よりも Google の方が早くにトレンドが現れるのだと思われます．

また，Twitter のトレンドと CNN のヘッドラインニュースとを比較したところ，多くのトピックは CNN のヘッドラインニュースの方が先に報道されていることがわかりました．先ほど，ソーシャルメディアからマスメディアへのニュースの流れの逆転現象が起きているという話をしましたが，依然として多くのニュースは，先にマスメディアで発信されたことがわかります．しかし，ニュース（イベント）によっては Twitter の方が早く情報発信が行われていることも報告されており，Twitter のソーシャルセンサとしての役割についても示唆されています．しかし注意したいのは，この調査結果は 2010 年のものであることです．世間でスマートフォンが爆発的に普及したのはこれ以降のことです．したがって，今では Twitter の情報鮮度も当時よりは高くなっているのではないかと思われます．

リツイートの予測

Twitter から実世界で起きたニュースやイベントを検出するには，Twitter 上で今後リツイートされそうなツイートを予測する必要があります．デヴィソン（Brian D. Davison）らの研究グループでは，

ツイートの内容と,ツイートを投稿した人の特徴,そしてツイートされた時刻などの情報から,そのツイートが将来にリツイートされるかどうかと,今後どれだけリツイートされるかを予測しました[43].この研究では,ツイートの特徴として,ツイート中の単語の出現頻度やその投稿者のフォローネットワーク上での特徴(次数分布や周辺ネットワークにおけるクラスタ係数)などを採り上げ,機械学習アルゴリズムで,将来リツイートされるかどうかと,将来どれぐらいリツイートされるか(リツイートされる回数)を予測しました.

将来リツイートされるかどうかは,99.3%の精度と43.5%の再現率で予測可能であることがわかりました.将来どれぐらいリツイートされるかは,

(1) リツイートされない
(2) 1以上100未満の回数リツイートされる
(3) 100以上10,000未満の回数リツイートされる
(4) 10,000回以上リツイートされる

という四つのクラスを設け,マルチクラスの分類を行いました.その結果,リツイートされないものの予測と,10,000回以上リツイートされるものの予測では,90%以上の高い精度で予測できることがわかりました.これらの結果から,再現率には課題は残りますが,高い精度でリツイートされるかどうかと,非常に多くリツイートされるかどうかを予測できることがわかりました.

トレンドの検出

Twitterには多くのユーザが投稿していますが,それらの投稿から世間のトレンドを検出する試みもあります.ブログが出始めた頃

に,ブログで流行りつつあるキーワードを検出する試みが行われました[44].この検出は,一般にバースト検出（**burst detection**）と呼ばれます.バースト（burst）とは,それ以前はそれほど頻繁に出現しなかったキーワードが,ある時期を境に急に頻出するようになることを指します.コーダス（Nick Koudas）らは,Twitter 上でバースト検出を行い,バーストしたキーワードからトレンドの検出を試みました[45].彼らは,まず爆発的に頻度が増えたキーワードをバーストとして検出し,いくつかのバーストしたキーワードを,同時期に発生したかどうかを見てグループ化を行い,そのグループを一つのトレンドとみなしました.そして,それらのキーワードに関連する情報も検索して提示するシステムを開発しました.ツイート数の変化や,関連するキーワードのリスト,代表的なツイート例などを GUI 上で見ることができ,Twitter 上で流行りつつあるトレンドの内容を一目で理解できるようになっています（図 4.5 参照）.

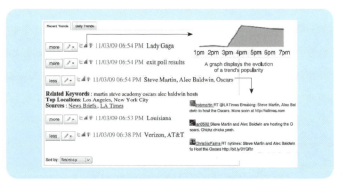

図 4.5 検出したトレンドの可視化

（論文 45）より著者の了解を得て転載）

4.3.2 実世界イベントの検出

実世界における地理的な（局所的な）イベントを検出したり，実世界での多くのユーザの行動を分析したりする研究も多く行われています．検出や分析に用いるデータには，モバイル端末の通信に関するデータや[47),48)]，ソーシャルメディア上の投稿データ[46),48),49),50)]があります．本項では，実世界のイベントの中でも自然現象に関するものと，人々の行動に関するものを採り上げます．

自然現象の検出

最も代表的な研究は榊らによる Twitter のツイートを用いた局所的なイベントの検出です[49)]．彼らは，地震や台風に関連するツイートを，ツイート中の単語情報に基づく機械学習で検出し，その後カルマンフィルタ（Kalman filtering）または粒子フィルタ（particle filter）と呼ばれる方法（それぞれ不確実性のある測定値から，ある時点での位置や速度を推定する方法）により，イベントの中心を予測しています．実際の地震や台風の中心位置と予測した位置とのずれを比較し，ある程度の関連性があること示しています（図 4.6 参照）．

チョウ（Hui Zhao）の研究グループは，中国の SNS（マイクロブログサービス）である Weibo の 3500 万もの投稿データから，インフルエンザが流行るかどうかの予測を行いました[50)]．彼らは，まず一人一人のユーザの発言が，インフルエンザ感染に関するものかどうかを，"high fever" や "sore throat" などの決まった表現を含むかどうかで判定しました．その後，発言に付与された GPS による位置データ（大半の発言には付与されていないが，一部の発言には

図 4.6 Twitter のツイートから予測した台風の進路（実線または点線）と実際の進路（破線）

(論文 49) より著者の了解を得て転載）

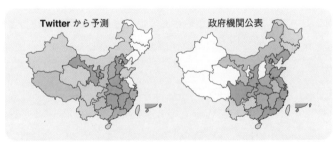

図 4.7 Twitter の投稿から予測したインフルエンザの蔓延の程度（左）と中国政府保健機関が公表した実際のインフルエンザの蔓延の程度（右）．色が濃い方が蔓延していることを表す．

(論文 50) より著者の了解を得て転載）

付与されている）を用いて，その発言の発信位置を突き止めました．これを都市レベルで集約し，都市ごとにどれほどツイートがあったかを数値化しました．この値と中国政府の保健機関である CDC（Chinese Center for Disease Control and Prevention）が発表したインフルエンザ蔓延の程度を都市ごとに比較してみると，図 4.7 に示したようにある程度の相関があることがわかりました．この研究より，Twitter の投稿からインフルエンザの蔓延の程度をある程度推定できることがわかりました．時系列の変化を観測すれば，将来の蔓延についても予測できるかもしれません．

人々の行動の可視化

サグル（Gunther Sagl）らはモバイルネットワークの通信データと地理情報システムにおける地図データを連係させて，人々の実世界での活動の様子を分析しました[48]．具体的には，都市部におけるダウンタウン地区とその郊外における人々の移動量を分析し，通勤に伴う朝・夕の移動を確認しました．また，Flickr におけるジオタグ（位置情報のことで，緯度と経度の数値で表したもの）付きの投稿データも用いてストリート単位での投稿頻度を測定し，どこが写真スポットとなっているかを可視化しました．図 4.8 に，ニューヨークのマンハッタンにおいて，ストリート単位での投稿頻度を可視化した結果を示します．この図より，写真撮影が多く行われている交差点や通りがあることがわかります．一人一人の行動だけを見ていたら気づかなかったことも，たくさんの人々の行動を集約することにより，街中の細かい特徴に気づかされることがわかります．

88 第 4 章 社会を映すソーシャルメディア

図 4.8 Flickr のデータを用いたニューヨーク・マンハッタンの撮影スポットの可視化

(論文 48) より著者の了解を得て転載)

個人を映すソーシャルメディア
－ソーシャルメディアにおけるユーザ行動・心理分析－

　ソーシャルメディアは人々の情報共有やコミュニケーション手段をより多様にしました．また人々は，家族や仲の良い友達だけでなく，今は離れ離れになってしまった古い友人，仕事で同じ分野に興味を持っている人たち，さらに一度も会ったことがない他人などともつながり，交流する人間関係も多様になりました．そのため，人々がソーシャルメディア上で直面した社会ネットワークやコミュニケーションの在り方は，それまで実世界で経験したものとは異なるものでした．近年では，このような未経験のプラットフォームにおいて，人がどのように行動するのかや，その行動の背後にある心理がどのようなものなのかについて注目されるようになりました．人々のソーシャルメディアでの行動は，実世界での普段の行動とは異なるかもしれません．また，人々がソーシャルメディアで抱く感情は，実世界で抱く感情とは異なるかもしれません．この章では，ソーシャルメディアのコミュニケーションは，これまでの実世界でのコミュニケーションとは何が異なるのか，人々はどのような目的でソーシャルメディアを用いているのか，ユーザの心理はソーシャルメディア上の行動に現れるのか，などについて議論します．

5.1 コミュニケーション様式の変革

これまでの現実世界においては，既存の知り合いや友達とコミュニケーションを取ろうとすると，多くのエネルギーが必要でした．普段会っていない友達であれば，個別に手紙を書いたり電話をかけたりする必要がありました．知り合い程度の人に連絡を取ろうとすれば，比較的フォーマルな形式で手紙を書く必要がありました．また，普段会っている友達でも，直接会って会話しようとすると，同じ時間に同じ場所に居合わせる必要がありました．これには，現実世界における移動を必要とします．そのため，現実世界における社会ネットワークでは，ある二人の人間の関係が活性化される頻度（すなわち，会って話をしたり手紙を交換したりする頻度）は，それほど多いものではありませんでした．また，人々は広くその関係を活性化させようとすると，極めて多くのエネルギーが必要でした．なぜなら，多くの人に手紙を書いたり，訪問して回ったりする必要があるからです．そのため，人々が持つ社会ネットワークにおける大部分は，ほとんど非活性の状態にあり，暗黙的なものでありました．

ソーシャルメディアは，それまで現実世界におけるコミュニケーション手段では実現できなかった複数人との関係の活性化を同時に行うことを可能にしました．例えば，Facebook では自分の近況を投稿すれば，つながり関係のある友人は全員その投稿を見ることができます．また，活性化に必要なアクションのコストを下げることによって，これまでにない頻度で活性化を行うことが可能になりました．例えば，学生時代の友人と年に一回の年賀状でのみ近況のやり取りをしていたという人は多いと思います．しかし，その人と Facebook でつながった後には，毎日のようにお互いの出来事を伝え合うようになったという経験は，皆さんにもあるのではないでしょうか？また，毎日顔を合わせる友人でも，ソーシャルメディアの出現以前は深夜に連絡を取ることは少なかったでしょうが，ソーシャルメディアでつながった後は相手の深夜のつぶやきに返事をしてしまったりしたことはあるのではないでしょうか？このようにソーシャルメディアの登場により，社会ネットワークのエッジ（つながり）の活性化に対する障壁が非常に低くなったことがわかります．

さらに，ソーシャルメディアは，それまで現実世界では実現できなかった匿名での関係性を構築することも可能にしました．例えば，Twitter では日本のユーザにおける匿名での利用の割合は 76.5% にも上ります（総務省の情報通信白書（2017 年 7 月）より）．現実世界の友人と名前も知らない赤の他人の両方とつながりあったプラットフォームにおいて，人々は自己開示を行い，コミュニケーションを行うことになりました．これは，ソーシャルメディア以前のコミュニケーションではありえなかったものです．

人々の間のコミュニケーションにおけるこれらの変革は，人々の行動様式を変え，また人々の心理にも影響を与えるようになりました．そこで，ソーシャルメディアという社会基盤において，人々の行動とその内面に焦点を当てる研究が多く行われるようになりました．このような研究は，計算機科学の研究者だけでなく，社会学や心理学の研究者も注目しています．本章では，このようなプラットフォームにおける人々の行動と心理に注目し，特にソーシャルメディアの利用目的（意図），人々の性格（人格），うつや妬みなどの負の感情に関する研究について紹介します．

5.2 利用目的（意図）

人々がソーシャルメディアを利用するようになったことで，多くの研究者が疑問に思ったのは，人はなぜソーシャルメディアを使うか（利用目的，意図，モチベーション（**motivation**））でした．TwitterやFacebookのような人気のあるソーシャルメディアが登場して数年が経過した2000年代後半に，この疑問に答える調査研究が相次いで行われました[51),53),54)]．この節では，これらの調査研究での発見について紹介します．

5.2.1 投稿ごとの目的

人々は意識しているか否かに関わらず，何らかの目的を持ってソーシャルメディアに投稿しているものと思われます．自己宣伝のようなはっきりした目的を持って投稿することもあれば，ちょっと誰かに見て欲しいというような弱い目的でつぶやきを投稿することもあります．そこで，ナーマン（Mor Naaman）らは，個々の投稿ごとにその投稿の意図（モチベーション）を調査しました[51)]．彼らは，3,379のTwitterの投稿メッセージを8人による人手で以下の九つに分類しました．

情報共有：Information sharing（IS）

自己宣伝：Self promotion（SP）

意見表明：Opinions/Complaints（OC）

つぶやき：Statements and random thoughts（RT）

今の自分の通知：Me now（ME）

質問：Question to followers（QF）

自身の状況更新：Presence maintenance（PM）

5.2 利用目的（意図）

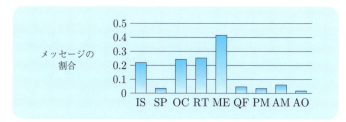

図 5.1 メッセージごとの意図の割合
(論文 51) より，著者の了解を得て転載)

自身の小話：Anecdote (me)（AM）

他人の小話：Anecdote (others)（AO）

情報共有（IS）は他人へのためになる情報の提供，自己宣伝（SP）は自分が成し遂げたことの報告，意見表明（OC）はあるニュースやイベントに対する意見や批判，つぶやき（RT）は自分の感情のつぶやき，今の自分の通知（ME）は今の自分の状況の報告，質問（QF）はフォロワーへの質問，自身の状況更新（PM）はすでに自分の近況を知っている人向けの状況報告，自身の小話（AM）と他人の小話（AO）は自分または他人に関する秘話や小話です．3,379の投稿メッセージの上記のタイプの割合を求めたところ，図 5.1 のようになりました．この図より，情報共有（IS），意見表明（OC），つぶやき（RT），今の自分の通知（ME）が多いことがわかります．

次に彼らは，各ユーザが投稿したメッセージのテキスト情報を基に，階層的クラスタリング[52]によりユーザを二つのクラスタに分類しました．この二つのクラスタですが，非常に興味深い特徴があることがわかりました．片方のクラスタは IS の割合が高く，もう片方のクラスタは ME の割合が高かったのです（図 5.2 参照）．この

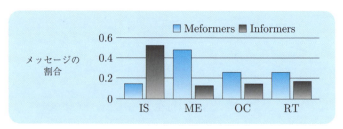

図 5.2 二つのクラスタ（Meformers と Informers）における意図の割合
（論文 51) より，著者の了解を得て転載）

傾向から，彼らは前者のクラスタを "Informer"，後者のクラスタを "Meformer" と名付けました．皆さんのフォロウィーを思い浮かべてください．ユーザがこのような二つのタイプに分かれるのは，納得できるのではないでしょうか？

　以上の発見より，ユーザのそれぞれの投稿の目的はいくつかの代表的なタイプに分けることができること，ユーザのタイプは自分のことを知らせたい人と他人に役立つ情報を知らせたい人の二つに大別できることがわかりました．特に後者は，経済学（特に行動経済学）で注目を集めている利己主義・利他主義に関係しており，興味深い現象といえます．

5.2.2 ソーシャルメディア全体の利用目的

　ナーマンらの研究では，ツイートごとに第三者が人手でその目的を推定して分類していました．しかし，5 章でカクらが明らかにしたように，Twitter のフォローネットワークは興味ネットワーク（interest graph）と考えることもできます．ユーザはツイートを投稿するだけではなく，他人のツイートを読んで情報収集する目的も

5.2 利用目的（意図）

持っているはずです．

そこで，ロッソン (Mary Beth Rosson) の研究グループはユーザに Twitter の利用目的を直接尋ねることで，投稿だけでなく閲覧も含めた Twitter の利用目的を調査することにしました[53]．彼らは，ビジネス利用における **CMC**（**Computer-Mediated Communication** の略で，コンピュータを介したコミュニケーション）に興味があったため，調査の対象としたのは大きな IT 企業に勤めるビジネスパーソン 11 人でした．ただし，この 11 人の被験者は組織的に Twitter を企業内のコミュニケーションツールとして使っているわけではありません．ロッソンらは，IT 企業に勤める会社員を対象に，ビジネス利用も含めた一般的な Twitter の使い方を調査したことになります．

彼らは電話を用いて一人当たり 30 分から 1 時間ほどのインタビューを行い，なぜ Twitter を用いているのかを尋ねました．それらを定性的に分析したところ，

(1) 友人や同僚との関係を維持するため
(2) 自分が面白いと思ったことを他の人に知らせるため
(3) 仕事や興味のあることに関して役立つ情報を獲得するため
(4) 人から助けや意見を得るため
(5) 感情的なストレスを解消するため

の五つがあることがわかりました．これらは独立の目的として存在するのではなく，一つの投稿に対して複数の目的を持つこともあります．例えば自分の生活の中で面白いと思ったことを友人に伝えることで，その友人との関係を維持したいというような場合です．

しかし，ナーマンらの調査は，IT 企業に勤める会社員のみを対

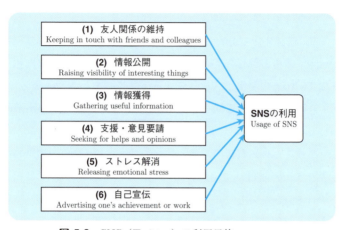

図 5.3 SNS（Twitter）の利用目的
（ロッソンらの五つの利用目的（上位五つ）[53]
と土方が追加したもの（下位一つ）[80]）

象にしていること，調査対象の人数が 11 人と決して多くないこと，Twitter での投稿頻度が多い人でも週に 5〜30 程度と少ないことから，一般的なユーザを対象に Twitter を用いる目的を尋ねるのに，この分類を適用しようとすると，必ずしも十分であるとはいえません．特に，近年では Twitter をより積極的に（戦略的に）利用するユーザの存在も見逃せなくなっています．いわゆるネット有名人（micro-celebrity）や自己宣伝型のユーザ（self-branding user）です[78]．また，彼らに影響を受けたユーザも多くなってきています．そのため，上記の五つの目的に，

(6) 自身の成し遂げたことを宣伝するため

を加えてユーザの利用目的を調査した研究もあります（図 5.3 参照）[80]．

5.2.3 企業利用における目的

ソーシャルメディアというと，まず一般ユーザを対象とした大規模なものが思い浮かぶと思いますが，特定のドメインを対象にしたもの（例えば，投資家向け SNS や語学学習者向け SNS など）や，企業内部向けに導入されたものも数多く存在します．特に近年，ソーシャルメディアを実装するためのプラットフォーム（OpenPNE が有名）が整備されたため，このようなドメイン限定の SNS や組織内 SNS が相次いで開設されるようになりました．そこで，このような小規模な SNS における利用目的を調査した研究も行われるようになりました．

IBM 研究所のディミコら（Joan DiMicco）は，企業内に導入された SNS に対して，17 人の従業員にインタビューを行い，利用目的に関する定性的分析を行いました[54]．先ほど紹介したロッソンらの研究は，IT 企業に勤めている人達を対象にしてはいますが，オープンで一般的なソーシャルメディアを対象にした調査でした．これに対して，ディミコらは企業内に開設された閉じられた（クローズドな）SNS を対象にし，職場の業務利用における目的を調査しています．具体的には，なぜこの SNS を使うのか，誰とつながっているのか，何のトピックをシェアしているのかの三点を調査しました．

調査の結果，企業内 SNS の利用目的は以下の三点があることがわかりました．

(1) 楽しむため

　　人とつながり，コミュニケーションを行うこと自体を楽しむ目的．

(2) **自身のプロモーションのため**

　　自身のスキルや経験を宣伝し，戦略的に重要な人間とつながる目的．

(3) **周囲からのサポートを得るため**

　　自分のプロジェクトにおいて，周囲から意見をもらったりサポートしてもらったりする目的．

　企業内 SNS で業務利用に限ったものであっても，そこでのコミュニケーションを楽しんでいるという点は，非常に興味深いものです．業務時間内の利用であっても，ストイックに仕事とそれに関係する会話のみを行うようなスタイルではなく，気晴らしも含めたインフォーマルな会話を行っていることがうかがえます．すなわち企業内 SNS を導入している企業は，業務とはいっても従来のような公私を完全に切り分けたような仕事の進め方ではないことがうかがえます．一方，ロッソンらの調査とは異なり，自身のプロモーションを見据えた自己宣伝を目的として挙げている点も興味深いところです．特に，「自分にはある分野の知識がある（knowledgeable である）ように振る舞うようにしている」という回答があり，この目的を強く持っているユーザがいることがわかります．また，人から助けや意見を得るという目的はロッソンらの調査結果でも見られましたが，企業内 SNS では今の仕事のプロジェクトを強く意識している点で異なるといえます．同じ仕事目的であっても，企業内 SNS では一般のオープンな SNS とは違い，ユーザは明確で強い目的を持っていることがわかります．

5.2.4 利用目的に関する文化間比較

インターネットの普及や移動手段の利便性の向上により,人々の国境の壁は低くなりつつあるといわれています.一方,依然として文化の違いは存在し,それが旅を面白くさせているのも事実です.多くの人気のあるソーシャルメディアは,同じプラットフォームで提供されていますが,その利用目的やそこでの行動は,国や文化によって異なる可能性があります.そこで,ソーシャルメディアを用いる意図や利用目的に関して,文化間の比較を行う研究が行われてきました[55),56).

ソン(Dongyoung Sohn)らの研究グループは,アメリカと韓国において,589人の大学生を対象にSNSの利用目的をアンケート(質問紙調査)で尋ねました[55).アンケート結果を分析したところ,SNSの利用目的には,

- 出会い(seeking friends)
- 利便性(seeking convenience)
- 社会的支援の獲得(seeking social support)
- 情報獲得(seeking information)
- エンターテイメント(seeking entertainment)

の五つがあることがわかりました.また,両国の比較を行ったところ,アメリカ人にとって重要な目的は友達を探す(新しい人と知り合う,同じ興味を持つ人とつながる)ことであり,韓国人にとって重要な目的はエンターテイメント(日常の仕事を忘れてリラックスする)であることがわかりました.国が異なれば,SNSの利用目的も異なることが示唆されています.

バサロウ（Asimina Vasalou）らは，2008年3〜5月の間に，アメリカ（72人），イギリス（67人），イタリア（95人），ギリシャ（108人），フランス（81人）のFacebookユーザを集め，利用目的に対する思いの程度を尋ねました．分析の結果，Facebookの利用目的には，

- 実世界の人間関係の維持（social searching）
- 出会い（social browsing）
- グループへの加入（groups）
- ゲームとアプリケーション利用（games and applications）
- 投稿・状況報告（status updates）
- 写真投稿（photographs）

の六つがあることがわかりました．彼らはアメリカとヨーロッパ諸国との間に，利用目的に差があるかどうかを調査しました．その結果，イタリア人とフランス人は，アメリカ人よりも，出会いの目的を強く持つことがわかりました．また，イギリス人とイタリア人は，アメリカ人よりも，グループ参加の目的を強く持つことがわかりました．また，イタリア人は，アメリカ人よりも，ゲームとアプリケーション利用の目的を強く持つことがわかりました．この研究ではアメリカとヨーロッパ諸国との違いに注目していますが，国によってソーシャルメディアの利用目的が異なることを示しています．

5.3 感　情

心理学の分野では，人の感情（emotions）について長く研究されてきました．感情とは，人が物事に対して抱く気持ちを表したもので，喜び，悲しみ，怒り，驚き，恐怖などがあります．感情は，その人の健康にも関連してくるため，非常に重要な心理といえます．ここではソーシャルメディア利用時の感情と，さらにその感情の伝搬について採り上げます．

5.3.1 ニュースフィード制御の影響

Facebook の社員であるクラマー（Adam D. I. Kramer）らは，Facebook のニュースフィードに表示する友人からの投稿を操作することで，ユーザがポジティブな投稿（ポジティブな感情を伴う投稿）を行うようになるか，ネガティブな投稿を行うようになるかを検証しました[57]．具体的には，自分の友達（Facebook 上の友達）からの投稿の表示を，ポジティブまたはネガティブなものについて 10〜90% の範囲で減らすことで，対象ユーザにおいてポジティブな表現を含む投稿やネガティブな表現を含む投稿が増えるかどうか（減るかどうか）を検証しました．実験期間は 2012 年 1 月 11〜18 日で，実験の対象となったユーザは英語で Facebook を読んでいるユーザのうちの 689,003 人です．そのうち解析の対象になったのは実験期間の一週間に投稿を行った 155,000 人のユーザです．

実験の結果，ポジティブな投稿が減らされた場合は，そうでない場合に比べて 0.1% ポジティブな投稿が減り（また 0.04% ネガティブな投稿が増え），ネガティブな投稿が減らされた場合は，0.07%

ネガティブな投稿が減りました（また 0.06% ポジティブな投稿が増えた）．投稿の変化量はわずかなものでしたので，人はこのような投稿の表示／非表示の制御により大きな影響を受けたわけではありませんが，それでも無意識のうちに自分の感情的な投稿を行ったり，控えたりすることがわかります．この結果より，クラマーらはノンバーバルな行動（口頭の言葉によらない行動）によっても，また特定の相手に向けたコミュニケーションでなくても（多数の人に向けた発信であっても），情動伝染（5.3.3 項参照）が起こることを示したと主張しています．本人の感情に変化が起こったのかどうかまでは検証できていませんが，少なくともシステムによる制御と同方向の感情を持つ投稿を行うようになった（正確には控えるようになった）ことは確かであるといえます．

5.3.2 天気の影響

人の感情は，その日の天気によっても影響されそうです．晴れの日は心もうきうきしますが，雨の降っている日は気分も晴れないものです．天気と感情との間には何らかの関係がありそうに思えますが，これを解明するために十分なデータを我々は持っていませんでした．しかし，ソーシャルメディアの普及により，大規模な数のユーザの投稿データが手に入るようになりました．これらの投稿データを用いれば，関係があるかどうかを検証できそうです．この課題に最初に取り組んだのは，Facebook のコヴィエロ（Lorenzo Coviello）らの研究グループです．

コヴィエロらは Facebook 上において，投稿データと天気との関係を調べました[58]．彼らは，2009 年 1 月から 2012 年 3 月まで

の間のFacebookの投稿データ（データ規模は示されていないが，Facebookの社員なので全ての投稿データが利用されたと思われる）に対して，回帰分析により投稿された日の曜日や天気などの特徴と投稿の感情との間の関係を明らかにしました．投稿の感情は，ポジティブな語が一つでも含まれていたらポジティブな投稿，ネガティブな語が一つでも含まれていたらネガティブな投稿とみなしました．分析の結果，週末や祝日にポジティブな投稿が多くなることと，雨降りの時にポジティブな投稿が1.19%減り，ネガティブな投稿が1.16%増えることがわかりました．実験結果そのものは当たり前のように感じるかもしれませんが，統制実験ではない環境で，多くのユーザに対して天気と感情との関係を調査したことは評価に値すると思います．

5.3.3 他人の感情の影響

心理学の分野においては，人の感情は他の人に伝染するのかについて古くから研究が行われています[59]．心理学の分野では，このような感情の伝染を**情動伝染**（**emotional contagion**）と呼んでいます．ソーシャルメディアの登場により，大規模なユーザデータを用いて，情動伝染が行われるかどうかを調査することができるようになりました．フェラーラ（Emilio Ferrara）らは，Twitterにおける投稿の感情（ポジティブさとネガティブさ）について，他人の影響を受けるかどうかを調べました[60]．彼らは，ユーザが行ったある一つの投稿に注目し，その投稿を発信する直前に，どのような投稿をフォロウィーから受け取っていたかを分析することにより，他人の影響を受けるかどうかを調べることにしました．ポジティブ／ネガティブ

の判定は SentiStrength[♠1]というソフトウェアを使っています．

2014年9月に英語を用いている 3,800 人のユーザをランダムに収集し，それらユーザのツイートを収集しました．また，収集した各ツイートについて，そのツイートが投稿される前に，その投稿者（ユーザ）のフォロウィーが投稿したツイート（その投稿者が投稿直前に見たかもしれないツイート）も収集しました．そして，それらのツイートの感情（ポジティブさとネガティブさ）を判定しました．

分析の結果，ユーザがあるネガティブな投稿をした際，一般的な投稿を行う場合に比べて，事前に受け取っていた投稿のうち，ネガティブな内容の投稿が占める割合が 4.34% 高いことを確認しました．また，ユーザがあるポジティブな投稿をした際，一般的な投稿を行う場合に比べて，事前に受け取っていた投稿のうち，ポジティブな内容の投稿が占める割合が 4.50% 高いことを確認しました．彼らは，この結果から Twitter においても情動伝染が起こったと結論付けています．

しかし，注意しないといけないのは，これはあくまでユーザ全体での結果であって，個々人がポジティブな内容の投稿をいつもより多く受けていた，あるいはネガティブな内容の投稿を多く受けていたという変化によるものではない点です．周りの友人がいつもネガティブ投稿をしていたり，ポジティブな投稿をしていたりする場合も考えられますが，そのようなユーザは周りに合わせてネガティブ，またはポジティブな投稿をしているものと思われます．短期的に情動伝染が起こったというよりは，感情が近い者同士が集まりインタラクションを行っている可能性があります．

[♠1] http://sentistrength.wlv.ac.uk/

5.4 パーソナリティ（性格・人格）

心理学は人の心の学問でありますが，その心の個人差を扱ったものがパーソナリティ（**性格**または**人格**）です．パーソナリティは，その人の行動や考え方にも影響を及ぼします．そのため，我々は人のパーソナリティを推定する時には，必ずその人の行動を見ます．ソーシャルメディアの登場により，我々は大規模な行動データを手に入れることができるようになりました．このことは，パーソナリティの研究にも大きな変革を持たらします．ここでは，人のパーソナリティとソーシャルメディアにおける行動に注目します．

5.4.1 パーソナリティとビッグファイブ

「三つ子の魂百まで」といいますが，人々の心理の中でも，その人が永続的に持っている心の特性は，特に重要な性質であるといえます．英語では，パーソナリティ（**personality**）と呼ばれます．日本語では，性格や人格といった言葉が対応します．本書では，パーソナリティという言葉を使いたいと思います．先ほどパーソナリティは永続的なものと書きましたが，実際には生まれつきによる部分と，幼少期における経験や体験により形成される部分が入り混じっていると考えられています[61]．また，必ずしも大人になってからは変化しないというものでもありません[62]．人のパーソナリティとソーシャルメディア上での行動との関係は多くの研究者が注目するテーマです．心理学の分野では，人のパーソナリティを理解するために，これをいくつかの観点に分けて，その程度を考える手法（特性論）が，古くから研究されてきました[63]．特性論の中で，

現在最もよく用いられているのはビッグファイブ（**Big Five**）（または 5 因子モデル（**Five Factor Model**））と呼ばれるモデルです[64), 65), 66)]．本書では，ビッグファイブと呼ぶことにします．

ビッグファイブは，人のパーソナリティ特性を

- 開放性（openness to experience）
- 誠実性（conscientiousness）
- 外向性（extraversion）
- 協調性（agreeableness）
- 神経症傾向（neuroticism）

の五つの指標で表します．開放性は，知的好奇心の高さを表し，新しい理論や社会システムを好む傾向を意味します．誠実性は，目標や課題を達成する意欲やルールや秩序を順守する傾向を意味します．外向性は，人と積極的に関わりエネルギッシュに活動する傾向を意味します．協調性は，社会や共同体への帰属意識やグループ活動を好む傾向を意味します．神経症傾向は，人の感情・情緒面での不安定さやストレスの感じやすさを意味します．

ソーシャルメディアの登場以降，ソーシャルメディアの利用意思とパーソナリティとの関係[67)]や，ソーシャルメディアでの友人としての接続意思とパーソナリティとの関係[71)]，ソーシャルメディア上の行動とパーソナリティとの関係[70)]などが研究されてきました．本節の以降の項では，これらの研究事例を紹介します．

5.4.2 パーソナリティと利用意思

コンピュータのソフトウェアや Web 上のサービスは，新しいものが次から次へと出てきます．このような時代の変化についていく

5.4 パーソナリティ（性格・人格）

のは大変なものですが，自分の周りの人たちを見てみると，新しい製品やサービスにすぐに飛び付く人もいれば，なかなか使おうとしない人もいると思います．ソーシャルメディアは Web 上のサービスの中では非常に新しいもので，なおかつ個人の中だけで閉じたサービスではありません．他の人とのつながりの中で利用するものです．そのため，どのような人がソーシャルメディアを使おうとするのかは，学術的にもビジネス展開においても重要です．

ローゼン（Peter A. Rosen）らは，人が SNS を利用したいと思うかどうかは，その人のパーソナリティと関係があるのではないかと考え，利用したいと思う意思の程度とパーソナリティ特性との関係について調査しました[67]．SNS も情報システム（ソフトウェアやサービスなど）の一つと考えられますが，情報システムを利用したいと思う意思については，**TAM（Technology Acceptance Model）** というモデルに従うとされています[68],[69]．TAM では，人が新しい情報技術を使おうとする意志があるかどうかは，その技術の便利さとその技術が簡単に使えるかどうかについて，人がどれだけそう思っているのか（認知度合い（the perceived usefulness と the perceived ease of use））に関係しているとしています．ローゼンらは，人のパーソナリティ特性が，SNS に対する便利さと簡単に使えそうかに対する認知度合いに影響すると考えました（図 5.4 参照）．

彼らは，パーソナリティ特性と，SNS に対する便利さと簡単に使えそうかどうかの認知度合い，SNS を使いたいと思うかどうかの意思をそれぞれアンケート（質問紙調査）により取得しました．パーソナリティ特性には，ビッグファイブを用いました．そして，それらの回答に対して相関分析を行いました．その結果，外向性が高い

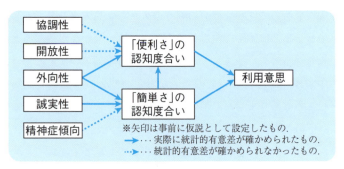

図 5.4 パーソナリティと SNS の利用意思

人は SNS に対する便利さと簡単に使えるかどうかの両方の認知度合いが高いこと，誠実性が高い人は簡単に使えるかどうかの認知度合いが高いことがわかりました．また，便利さと簡単に使えるかどうかの認知度合いの両方が，SNS を使いたいと思うかどうかの意思に正の相関があることも確かめられています．これらより，人のパーソナリティ特性が，SNS を使いたいと思うかどうかの意思に関連していることがわかりました．

5.4.3 パーソナリティと友人数

ソーシャルメディアで多くの友人とつながりたい，あるいは多くのフォロワーを集めたいと考える人は多いのではないでしょうか？ 多くの友人を持つ人，あるいは多くのフォロワーを持つ人は，いったいどのような人なのでしょうか？ ここでもパーソナリティの影響があるのかどうか知りたいところです．メーウス（Wim Meeus）らの研究グループは，205 人の大学新入生に対してアンケートを行い，どのようなパーソナリティ特性を持つ人が多くの友人を獲得し

ているかを調べました[71]．具体的には，大学入学後，数回にわたり友人とパーソナリティ特性に関してアンケートを行い，友人形成の過程で，どれだけ多くの友人を獲得しているかを調べました．パーソナリティ特性にはビッグファイブを用いています．彼らは特定のSNSを対象に実験したわけではないですが，直接的に誰を友人として認めているかを尋ねることで，現実世界での友人形成にパーソナリティがどのように寄与しているかを確かめました．

調査の結果，外向性の高いユーザは多くの友人を登録していました．また協調性の高いユーザは，友人として登録されやすい傾向にありました．またパーソナリティの近いユーザ同士が友人同士になっていることも確認されました．具体的には協調性，外向性，開放性において近い特性を持つユーザ同士がつながりやすいことがわかりました．この結果より，外向性が高く，なおかつ協調性も高いユーザは，自ら積極的に友人関係を構築しようとし，なおかつ相手からも友達と認められる傾向にあることがわかります．すなわちパーソナリティ特性により，友人のできやすさが違うことがわかりました．

5.4.4 パーソナリティとユーザ行動

人は，他の人のパーソナリティをその人の行動から推測します．そのため，パーソナリティ特性によって，ソーシャルメディア上での行動も異なってくるかもしれません．実世界のユーザの行動を観測することは難しいものでしたが，ソーシャルメディア上の行動は，通常ログとして残っています．そのため，人々のログを解析すれば，その人のパーソナリティがわかるかもしれません．

ゴールベック（Jennifer Golbeck）らは，Facebook 上でのユーザ行動とパーソナリティ特性との関係を調べました[70]．パーソナリティ特性には，ビッグファイブを用いています．Facebook 上のユーザ行動は Facebook アプリ（Facebook 上で動作するアプリケーション）を実装し，そのアプリケーションを使ってもらうことで収集しています．取得した行動データは，テキストデータ（プロフィール中の "About Me" のテキストや，投稿（status update）のテキスト）と，グラフデータ（近傍ユーザのネットワーク（ego network））です．

167 人を対象に実験を行ったところ，誠実性の高いユーザは汚い言葉の使用（shit や fuck など）と seeing, hearing, feeling のような認知に関わる言葉の使用が低いことがわかりました．一方，mate, talk, they のような社会的な言葉の使用は高いことがわかりました．誠実性の高いユーザは，SNS において適切な言葉を使う傾向にあることと，主観的なことや個人的に見聞きした内容を述べることを避ける傾向にあることがわかります．また，彼らは SNS という環境も社会の一つと捉え，適切にコミュニケーションを取ろうとしていると推察されます．誠実性以外のパーソナリティ特性については，協調性の高いユーザはポジティブな感情語を使う傾向にあり，神経症傾向の高いユーザはネガティブな感情語を使う傾向にあることもわかりました．これらの結果より，人の SNS における行動（特に投稿内容）は，その人のパーソナリティ特性に影響を受けていることがわかります．

5.5 うつと妬み

人の内面の中でも人々の健康と結びついたものについては,特に研究が進められています.ソーシャルメディアは人々の情報獲得を助け,また人々の交流を促進しましたが,それと同時に人々に自分を他人と比較することを容易にしました.他人と比較することで自分の立ち位置を確認することは,冷静に自分を見つめなおす良い機会だといえますが,逆に自分の弱みを知ることになり,それがきっかけで落ち込んでしまうかもしれません.ここでは,ソーシャルメディア上での行動とうつと関係,またうつに関連の深い妬みとの関係について紹介します.なお本書では,「気分がふさがり,気持ちが晴れ晴れしない状況」をうつ(鬱)と呼ぶことにします.また,食欲不振や睡眠障害など生活に支障が出るような状態に達した場合を「うつの症状が強い」と表現します.

5.5.1 うつとソーシャルメディア上の行動

人がうつ病になることを未然に防ぐためには,うつの傾向が認められるユーザを早期に発見する必要があります.そこで,チョウドリー(Munmun De Choudhury)らは,うつの症状の強い人々を対象として1年間Twitter上の行動を獲得し,うつ病であるかどうかを判定するモデルを構築しました[72].彼らは,投稿行為そのものや近傍のネットワーク(ego network),言語スタイル,うつに関する語の使用など様々な特徴を調査しました.

その結果,うつの症状の強いユーザ(うつのユーザ)は,投稿数が少なく,また他人とリプライを交わすことも少ないことがわかり

ました.また,うつのユーザは,一人称の代名詞の使用の割合が高く,逆に三人称の代名詞の使用の割合が低いこともわかりました.近傍のネットワークについては,うつのユーザは,フォロワー数とフォロウィー数が少なく,近傍ネットワークの規模も小さいことがわかりました.これらのことから,うつの症状の強いユーザは,信頼できるごく限られた人たちと,自分のことを中心に会話をしているものと思われます.また,うつの症状やそれに対する気持ち,その治療方法に関する情報などを共有しているものと思われます.

5.5.2 妬みとソーシャルメディア上の行動

近年,ソーシャルメディア上で感じるうつの原因の一つとして妬みの感情があるといわれています[73].**妬み**とは,「自分を他人と比較することで感じる不快な感情である」と定義されます[74].また,自分を他人と比較する行為は**社会比較**(social comparison)と呼ばれています[75].以前より,オンラインの環境では人々に起きた良い出来事や自身を良く見せようとするコンテンツが投稿されやすいことが指摘されています[76].この傾向は,オンライン環境の中でも特にソーシャルメディアにおいて顕著に見られることが報告されています[77],[78].そのため,うつの原因を取り除くために,ソーシャルメディアにおける人々の妬みに関する調査が行われ始めています[73],[80].ソーシャルメディアの出現は,人々の人間関係の構築や維持に大きな貢献を果たしましたが,一方で他人との比較が容易になり,妬みを引き起こしやすくなっている可能性があります.

タンドック(Edson C. Tandoc)らは,Facebook の利用傾向と妬み,さらにうつとの関係を調査しました.彼らは,妬みを伴う

5.5 うつと妬み

Facebook の閲覧はうつを引き起こすことを発見しました[73]．しかし，Facebook 上の行動と妬みの間には強い相関がなかったことも報告しています．パンガー（Galen Panger）は，Facebook と Twitter の両方で，人々の社会比較の行動を調査しました[79]．彼は，Facebook のユーザは Twitter のユーザよりも，より高い頻度で社会比較を行う傾向にあることを発見しています．

土方の研究グループでは，Facebook と Twitter の両方で，人々の妬みの感じやすさを調査しています[80]．妬みの感じやすさと，ユーザのデモグラフィック情報，ソーシャルメディアの利用目的，ソーシャルメディア上での行動の関係について調べています．その結果，Twitter よりも Facebook の方が妬みを感じやすいことを発見しています．また，若年層や学歴の低い人，コミュニケーション目的でソーシャルメディアを利用する人，自身についてネガティブな発言をする人が妬みを感じやすいことを発見しています．Twitter と Facebook を比べると，Twitter の方が妬みが行動に現れやすいことがわかりました．一方，タンドックらの研究結果と同様，Facebook では妬みが行動に現れず，唯一行動となって表れたものはネガティブな内容の発言のみでした．

妬みに関する研究は，まだそれほど研究事例が多くないのですが，Twitter よりも Facebook の方が社会比較を行いがちであり，また妬みを感じやすいのにも関わらず，その心理が行動には表れにくいことがわかります．今後は，様々なプラットフォームで調査する必要があるといえます．

あとがき

　私が，本書（Computer and Web Sciences Library の一巻）の執筆を担当することになったのは，一本の電話からでした．本ライブラリの企画者であるお茶の水女子大学名誉教授の増永良文先生から，職場の事務に電話があったのです．事務の電話交換から転送してもらった電話の先には，早く話したくて仕方がない，まるで小学生のように熱意に満ちた増永先生の声がありました．電話を受け取るや否や，小学校でプログラミング教育が導入されること，計算論的思考を子供たちや小学校の教職員に伝えないといけないこと，日本には計算機科学における考え方や知見のエッセンスを効率よく学ぶための書籍がないことなどを，矢継ぎ早に話されました．

　この電話を受け取ったのは 2017 年の初夏の頃でした．実は，私はこの年の 3 月に 15 年間務めてきた大阪大学を退職し，関西学院大学に移籍したところでした．単に大学を移ったというだけなら，よくある話ですが，私は基礎工学部という理工系の学部から，商学部という純粋な社会科学系の学部に移りました．私という個人に期待される役割も，エンジニアリング（工学）を通じた新しい産業の創出から，計算機科学を応用した新しいビジネスモデルやマーケティング手法の創出へと変わりました．また，大学教員は研究と教育がその業務の二本柱になりますが，移籍後はより教育を重視することになりました．

　社会科学系の学部に異動してわかったことですが，社会科学系の先生方は計算機科学の分野に大きな期待を抱いていたのです．Webやソーシャルメディアの発展により，多くのデータが利用できるよ

うになったことから，社会科学系の研究分野においても，データに基づく定量的な研究の重要性が高まりつつあったのです．また，産業界においても企画や提案の妥当性を裏付ける証拠が必要であったり，データに基づく付加価値をサービスに実装しないといけなかったりと，仕事の在り方も変わりつつありました．そのため，人文系の学部においても，学生に対する数学や情報系の学問に対する教育を強化する必要があったのです．

この流れは大学のような高等教育だけでなく，小学校のような初等教育にまで広がりつつあります．増永先生からの本ライブラリの提案は，まさに初等教育における教員や保護者の方に，計算機科学のイロハを知っていただくのに必要なものでした．これは，小学校に通う子供たちの計算論的思考の能力を高めるのに大いに役に立つでしょう．当時私は，移籍1年目で授業の準備やゼミの立ち上げに追われていたのにも関わらず，二つ返事で執筆することにしました．

私はWebの創生期より，ずっとWeb技術に関する研究に従事してきました．そのため，Webとソーシャルメディアのことは，人よりもよく知っているつもりでした．しかし，実際に執筆を開始してみると，正確に内容を記載しないといけないため，多くの文献を再読することになりました．また，Webやソーシャルメディアに関連する内容であっても，全ての分野に詳しいわけではなく，分野によっては一から研究の歴史を辿る必要がありました．そのため，予想以上に執筆に時間がかかってしまいました．しかしその分，完成度の高い内容になったのではないかと自負しています．また，特にWebやソーシャルメディアと社会学や心理学との関連についてはまとまった書籍はなく，これまでの私の知見を体系化して書籍にで

きたことは大変良かったと思います．このような執筆の機会を与えてくださった増永先生に深く感謝したいと思います．

　Webをはじめとする計算機科学の方法論や知見が産業界や他の学問分野に与える影響は，ますます大きくなっていくものと思われます．本書と本ライブラリが，日本のコンピュータリテラシと計算論的思考能力の向上に寄与することができれば幸いです．

2018年11月吉日

土方嘉徳

参考文献

第 1 章　社会に関わる Web －社会科学と Web の接点－

1) Paul Rojas. "Konrad Zuse's Legacy: The Architecture of the Z1 and Z3," IEEE Annals of the History of Computing, Vol. 19, No. 2, pp. 5–16, 1997.

2) Arthur W. Burks and Alice R. Burks. "The ENIAC: The First General-Purpose Electronic Computer," Annals of the History of Computing, Vol. 3, Issue 4, pp. 310–389, 1981.

3) Edgar F. Codd. "A Relational Model of Data for Large Shared Data Banks," Communication of the ACM, Vol. 13, No. 6, pp. 377–387, 1970.

4) Bruce G. Buchanan and Edward H. Shortliffe. "Rule Based Expert Systems: The Mycin Experiments of the Stanford Heuristic Programming Project," Addison-Wesley, 769p., 1984.

5) John McDermott. "R1: An Expert in the Computer Systems Domain," Proc. of the First National Conference on Artificial Intelligence (AAAI-80), pp. 269–271, https://aaai.org/Papers/AAAI/1980/AAAI80-076.pdf（参照 2018-10-5）, 1980.

6) Lenat Doug, Prakash Mayank and Shepherd Mary. "CYC: Using Common Sense Knowledge to Overcome Brittleness and Knowledge Acquisition Bottlenecks," AI Magazine, Vol. 6, No. 4, pp. 65–85, 1985.

7) Tim Berners-Lee. "Information Management: A Proposal," W3C, 1989.

8) 大向一輝. "Web2.0 と集合知," 情報処理, Vol. 47, No. 11, pp. 1214–1221, 2006.

9) David Ferrucci, Anthony Levas, Sugato Bagchi, David Gondek and Erik T. Mueller. "Watson: Beyond Jeopardy!," Artificial Intelli-

gence, No. 199, pp. 93–105, 2013.

第2章 人と交わる Web －ソーシャルメディア概論－

10) Rebecca Blood. "The Weblog Handbook: Practical Advice On Creating And Maintaining Your Blog," Basic Books, 2002.

11) Aaron Smith. "Record Shares of Americans Now Own Smartphones, Have Home Broadband," Fact Tank, Pew Research Center, 2017.

12) Raphael Ottoni, João Paulo Pesce, Diego B. Las Casas, Geraldo Franciscani, Wagner Meira, Ponnurangam Kumaraguru and Virgilio A. F. Almeida. "Ladies First: Analyzing Gender Roles and Behaviors in Pinterest," Proc. of the 7th International Conference on Weblogs and Social Media (ICWSM 2013), AAAI, https://www.aaai.org/ocs/index.php/ICWSM/ICWSM13/paper/view/6133（参照 2018-10-5）, 2013.

13) Wikipedia "Social media", https://en.wikipedia.org/wiki/Social_media（参照 2018-10-5）, 2018.

14) Merriam-Webster "Social media," Dictionary and Thesaurus | Merriam-Webster, https://www.merriam-webster.com/（参照 2018-10-5）, 2018.

15) Andreas M. Kaplan and Michael Haenlein. "Users of the World, Unite! The Challenges and Opportunities of Social Media," Business Horizons, Vol. 53, Issue 1, pp. 59–68, 2010.

16) Jonathan A. Obar and Steven S. Wildman. "Social Media Definition and the Governance Challenge: An Introduction to the Special Issue," Telecommunications Policy, Vol. 39, No. 9, pp. 745–750, 2015.

17) George Ritzer and Nathan Jurgenson. "Production, Consumption, Prosumption: The Nature of Capitalism in the Age of the Digital 'Prosumer'," Journal of Consumer Culture, Vol. 10, No. 1, pp.

13–36, 2010.

18) Ricardo Baeza-Yates and Berthier Ribeiro-Neto. "Modern Information Retrieval," Addison Wesley, 544p., 1999.

19) Sergey Brin and Lawrence Page. "The Anatomy of a Large-Scale Hypertextual Web Search Engine," Proc. of the Seventh International World-Wide Web Conference (WWW'98), http://www7.wwwconference.org/00/index.htm（参照 2018-10-5）, 1998.

20) Amy N. Langville and Carl D. Meyer. "Google's PageRank and Beyond–Science of Search Engine Rankings–," Princeton University Press, 238p., 2006.

21) 田中辰雄, 山口真一. "ネット炎上の研究," 勁草書房, 242p., 2016.

22) 近藤史人. "AISAS マーケティング・プロセスのモデル化," システムダイナミクス学会誌, No. 8, pp. 95–102, 2009.

23) 藤代裕之（編）. "ソーシャルメディア論: つながりを再設計する," 青弓社, 253p., 2015.

24) Jim Giles. "Internet Encyclopaedias Go Head to Head," Nature, Vol. 438, pp. 900–901, 2005.

25) danah m. boyd and Nicole B. Ellison. "Social Network Sites: Definition, History, and Scholarship," Journal of Computer-Mediated Communication, Vol. 13, pp. 210–230, 2007.

26) 土方嘉徳. "嗜好抽出と情報推薦技術," 情報処理学会誌, Vol. 48, No. 9, pp. 957–965, 2007.

第 3 章 協調プラットフォームとしての Web –集合知と Web2.0 –

27) James Surowiecki. "The Wisdom of Crowds," 306p., Anchor Books, 2004.

28) Stefan M. Herzog and Ralph Hertwig. "The Wisdom of Ignorant Crowds: Predicting Sport Outcomes by Mere Recognition," Judgment and Decision Making, Vol. 6, No. 1, pp. 58–72, 2011.

29) Jan Lorenz, Heiko Rauhut, Frank Schweitzer and Dirk Helbing. "How Social Influence Can Undermine the Wisdom of Crowd Effect," Proc. of the National Academy of Sciences on the United States of America, Vol. 108, No. 22, pp. 9020–9025, 2011.

30) Heiko Rauhut and Jan Lorenz. "The Wisdom of Crowds in One Mind: How Individuals Can Simulate the Knowledge of Diverse Societies to Reach Better Decisions," Journal of Mathematical Psychology, Vol. 55, Issue 2, pp. 191–197, 2011.

31) Andrew J. King, Lawrence Cheng, Sandra D. Starke and Julia P. Myatt. "Is the True 'Wisdom of the Crowd' to Copy Successful Individuals?," Biology Letters, Vol. 8, pp. 197–200, 2011.

32) Tim O'Reilly. "What Is Web 2.0: Design Patterns and Business Models for the Next Generation of Software," Communications and Strategies, No. 65, pp. 17–37, 2005.

33) Balachander Krishnamurthy and Graham Cormode. "Key Differences between Web 1.0 and Web 2.0," First Monday (Peer Reviewed Journal on the Internet), Vol. 13, No. 6, 2008.

34) David Best. "Web 2.0 Next Big Thing or Next Big Internet Bubble?," Lecture Web Information Systems, Technische Universiteit Eindhoven, http://docshare02.docshare.tips/files/463/4635236.pdf（参照 2018-10-5), 2006.

35) Paul Anderson. "What is Web 2.0? Ideas, Technologies and Implications for Education," JISC Technology and Standards Watch, 64p., http://www.ictliteracy.info/rf.pdf/Web2.0_research.pdf（参照 2018-10-5), 2007.

36) Efthymios Constantinides and Stefan J. Fountain. "Web 2.0: Conceptual Foundations and Marketing Issues," Journal of Direct, Data and Digital Marketing Practice, Vol. 9, Issue 3, pp. 231–244, 2008.

第4章 社会を映すソーシャルメディア－ソーシャルメディア分析－

37) Jeffrey Travers and Stanley Milgram. "An Experimental Study of the Small World Problem," Sociometry, Vol. 32, No. 4, pp. 425–443, 1969.

38) Jure Leskovec and Eric Horvitz. "Planetary-Scale Views on a Large Instant-Messaging Network," Proc. of the International World Wide Web Conference (WWW'08), pp. 915–924, 2008.

39) Lars Backstrom, Paolo Boldi, Marco Rosa, Johan Ugander and Sebastiano Vigna. "Four Degrees of Separation," Proc. of the 4th Annual ACM Web Science Conference (WebSci'12), pp. 33–42, 2012.

40) Christopher R. Palmer, Phillip B. Gibbons and Christos Faloutsos. "ANF: A Fast and Scalable Tool for Data Mining in Massive Graphs," Proc. of the 8th ACM SIGKDD International Conference on Knowledge Discovery and Data Mining (KDD'02), pp. 81–90, 2002.

41) Haewoon Kwak, Changhyun Lee, Hosung Park and Sue Moon. "What is Twitter, a Social Network or a News Media?," Proc. of the International World Wide Web Conference (WWW'10), pp. 591–600, 2010.

42) Jagan Sankaranarayanan, Hanan Samet, Benjamin E. Teitler, Michael D. Lieberman and Jon Sperling. "Twitterstand: News in Tweets," Proc. of the 17th ACM SIGSPATIAL International Conference on Advances in Geographic Information Systems (GIS'09), pp. 42–51, 2009.

43) Liangjie Hong, Ovidiu Dan and Brian D. Davison. "Predicting Popular Messages in Twitter," Proc. of the 20th International Conference Companion on World Wide Web (WWW'11), pp. 57–58, 2011.

44) Jon Kleinberg. "Bursty and Hierarchical Structure in Streams," Data Mining and Knowledge Discovery Archive, Vol. 7, Issue 4, pp. 373–397, 2003.

45) Michael Mathioudakis and Nick Koudas. "TwitterMonitor: Trend Detection over the Twitter Stream," Proc. of the 2010 ACM SIGMOD International Conference on Management of Data, pp. 1155–1158, 2010.

46) Puneet Agarwal, Rajgopal Vaithiyanathan, Saurabh Sharma and Gautam Shroff. "Catching the Long-Tail: Extracting Local News Events from Twitter," Proc. of the Sixth International AAAI Conference on Weblogs and Social Media (ICWSM'12), pp. 379–382, 2012.

47) Marta C. González, César A. Hidalgo and Albert-László Barabási. "Understanding Individual Human Mobility Patterns," Nature, No. 453, pp. 779–782, 2008.

48) Gunther Sagl, Bernd Resch, Bartosz Hawelka and Euro Beinat. "From Social Sensor Data to Collective Human Behaviour Patterns – Analysing and Visualising Spatio-Temporal Dynamics in Urban Environments," Proc. of GI_Forum 2012: Geovizualisation, Society and Learning, Wichmann, pp. 54–63, 2012.

49) Takeshi Sakaki, Makoto Okazaki and Yutaka Matsuo. "Earthquake Shakes Twitter Users: Real-time Event Detection by Social Sensors," Proc. of the 19th international conference on World Wide Web (WWW'10), pp. 851–860, 2010.

50) Jiangmiao Huang, Hui Zhao and Jie Zhang. "Detecting Flu Transmission by Social Sensor in China," Proc. of 2013 IEEE International Conference on Green Computing and Communications and IEEE Internet of Things and IEEE Cyber, Physical and Social Computing, pp. 1242–1247, 2013.

第5章 個人を映すソーシャルメディア
－ソーシャルメディアにおけるユーザ行動・心理分析－

51) Mor Naaman, Jeffrey Boase and Chih-Hui Lai. "Is it Really About Me? Message Content in Social Awareness Streams," Proc. of the 2010 ACM Conference on Computer Supported Cooperative Work (CSCW'10), pp. 189–192, 2010.

52) Michael J. A. Berry and Gordon Linoff. "Data Mining Techniques for Marketing," Sales, and Customer Support, Wiley Computer Publishing, 464p., 1997.

53) Dejin Zhao and Mary Beth Rosson. "How and Why People Twitter: The Role that Micro-blogging Plays in Informal Communication at Work," Proc. of the ACM 2009 International Conference on Supporting Group Work (GROUP'09), pp. 243–252, 2009.

54) Joan DiMicco, David R. Millen, Werner Geyer, Casey Dugan, Beth Brownholtz and Michael Muller. "Motivations for Social Networking at Work," Proc. of the 2008 ACM Conference on Computer Supported Cooperative Work (CSCW'08), pp. 711–720, 2008.

55) Yoojung Kim, Dongyoung Sohn and Sejung Marina Choi. "Cultural Difference in Motivations for using Social Network Sites, A Comparative Study of American and Korean College Students," Computers in Human Behavior, Vol. 27, No. 1, pp. 365–372, 2011.

56) Asimina Vasalou, Adam N. Joinson and Delphine Courvoisier. "Cultural Differences, Experience with Social Networks and the Nature of "true commitment" in Facebook," International Journal of Human-Computer Studies, Vol. 68, No. 10, pp. 719–728, 2010.

57) Adam D. I. Kramer, Jamie E. Guillory and Jeffrey T. Hancock. "Experimental Evidence of Massive-scale Emotional Contagion through Social Networks," Proc. of the National Academy of Sciences (PNAS), Vol. 111, No. 24, pp. 8788–8790, 2014.

58) Lorenzo Coviello, Yunkyu Sohn, Adam D. I. Kramer, Cameron

Marlow, Massimo Franceschetti, Nicholas A. Christakis and James H. Fowler. "Detecting Emotional Contagion in Massive Social Networks," PLOS | ONE, https://journals.plos.org/plosone/article?id=10.1371/journal.pone.0090315(参照 2018-10-5), 2014.

59) Elaine Hatfield, John T. Cacioppo and Richard L. Rapson. "Emotional Contagion," Current Directions in Psychological Science, Vol. 2, Issue 3, pp. 96–100, 1993.

60) Emilio Ferrara and Zeyao Yang. "Measuring Emotional Contagion in Social Media," PLOS | ONE, https://doi.org/10.1371/journal.pone.0142390(参照 2010-10-5), 2015.

61) Judith Rich Harris. "Where is the Child's Environment? A Group Socialization Theory of Development," Psychological Review, Vol. 102, No. 3, pp. 458–489, 1995.

62) Brent W. Roberts, Kate E. Walton and Wolfgang Viechtbaue. "Patterns of Mean-Level Change in Personality Traits Across the Life Course: A Meta-Analysis of Longitudinal Studies," Psychological Bulletin, Vol. 132, No. 1, pp. 1–25, 2006.

63) 小塩真司:初めて学ぶパーソナリティ心理学, ミネルヴァ書房, 2010.

64) John M. Digman. "Personality Structure: Emergence of the Five-factor Model," Annual Review of Psychology, Vol. 41, pp. 417–440, 1990.

65) Lewis R. Goldberg. "An Alternative "Description of Personality": The Big-Five Factor Structure," Journal of Personality and Social Psychology, Vol. 59, No. 6, pp. 1216–1229, 1990.

66) Paul Costa, Jr. and Robert R. McCrae. "The NEO-PI-R Professional Manual: Revised NEO Five-Factor Inventory.(NEO-FFI)," Psychological Assessment Resources, 1992.

67) Peter A. Rosen and Donald H. Kluemper. "The Impact of the Big Five Personality Traits on the Acceptance of Social Networking

Website," Proc. of Americas Conference on Information Systems (AMCIS'08), No. 274, 2008.

68) Fred D. Davis. "Perceived Usefulness, Perceived Ease of Use, and User Acceptance of Information Technology," MIS Quarterly, Vol. 13, No. 3, pp. 319–340, 1989.

69) Viswanath Venkatesh, Michael G. Morris, Gordon B. Davis and Fred D. Davis. "User Acceptance of Information Technology: Toward a Unified View," MIS Quarterly, Vol. 27, No. 3, pp. 425–478, 2003.

70) Jennifer Golbeck, Cristina Robles and Karen Turner. "Predicting Personality with Social Media," Extended Abstracts on Human Factors in Computing Systems (CHI'11), pp. 253–262, 2011.

71) Maarten Selfhout, William Burk, Susan Branje, Jaap Denissen, Marcel Van Aken and Wim Meeus. "Emerging Late Adolescent Friendship Networks and Big Five Personality Traits: A Social Network Approach," Journal of Personality, Vol. 78, No. 2, pp. 509–538, 2010.

72) Munmun De Choudhury, Michael Gamon, Scott Counts and Eric Horvitz. "Predicting Depression via Social Media," Proc. of The International AAAI Conference on Web and Social Media (ICWSM'13), pp. 128–137, 2013.

73) Edson C. Tandoc, Patrick Ferrucci and Margaret Duffy. "Facebook Use, Envy, and Depression among College Students: Is Facebooking Depressing?," Computers in Human Behavior, Vol. 43, pp. 139–146, 2015.

74) Richard H. Smith and Sung H. Kim, "Comprehending Envy," Psychological Bulletin, Vol. 133, No. 1, pp. 46–64, 2007.

75) Leon Festinger, "A Theory of Social Comparison Processes," Human Relations, Vol. 7, Issue 2, pp. 117–140, 1954.

76) Nicole Ellison, Rebecca Heino and Jennifer Gibbs. "Managing Impressions Online: Self–Presentation Processes in the Online Dating Environment," Journal of Computer-Mediated Communication, Vol. 11, No. 2, pp. 415–441, 2006.

77) Natalya (Natalie) Bazarova, Jessie G. Taft, Yoon Hyung Choi and Dan Cosley. "Managing Impressions and Relationships on Facebook: Self-Presentational and Relational Concerns Revealed Through the Analysis of Language Style," Journal of Language and Social Psychology, Vol. 32, No. 2, pp. 121–141, 2013.

78) Ruth Page. "The Linguistics of Self-Branding and Micro-Celebrity in Twitter: The Role of Hashtags," Discourse & Communication, Vol. 6, No. 2, pp. 181–201, 2012.

79) Galen Panger. "Social Comparison in Social Media: A Look at Facebook and Twitter," Extended Abstracts on Human Factors in Computing Systems (CHI'14), pp. 2095–2100, 2014.

80) Shogoro Yoshida and Yoshinori Hijikata. "Envy Sensitivity on Twitter and Facebook among Japanese Young Adults," International Journal of Cyber Behavior, Psychology and Learning, Vol. 7, No. 1, pp. 18–33, 2017.

索　引

● **あ行** ●

意図　92
インターネット掲示板　31

うつ　111

エキスパートシステム　3
エッジ　70

● **か行** ●

画像共有サービス　36
感情　101

機械可読　5
キュレーションメディア　43
協調型 Web サービス　29
協調フィルタリング　45
共同編集型百科事典　34
興味ネットワーク　78

口コミサイト　32
グラフ　70
グラフ理論　69
群衆の英知　49, 50

経路長　71
検索エンジン　30

コンテンツ管理システム　33

● **さ行** ●

次数　71
社会ネットワーク　66

社会比較　112
写真共有サービス　36
集合知　49
集団的知性　49
情動伝染　103
情報推薦　44
人格　105
人工知能　2

推薦システム　44
スモールワールド現象　68
スモールワールド実験　66
スモールワールド性　71

性格　105

ソーシャルセンサ　9
ソーシャルタギング　35
ソーシャルブックマーキング　35
ソーシャルメディア　26
ソーシャル・ネットワーキング・サービス　38
ソーシャル・ネットワーク・サービス　39

● **た行** ●

ダートマス会議　2
タグ　35
短編動画共有サイト　38
弾幕　37

知識獲得のボトルネック　6
頂点　70

頂点間距離　71

データベースシステム　2
電子掲示板　31

動画共有サービス　36
同期コミュニケーション　24
トポロジー　70

● **な行** ●

二次創作　38

妬み　112

ノード　70
ノード間距離　71

● **は行** ●

バースト検出　84
パーソナリティ　105
ハイパーテキスト　4
バイラルメディア　44

ビッグファイブ　106
非同期コミュニケーション　24

フォークソノミー　35
ブログ　33

平均経路長　71
平均頂点間距離　71
平均ノード間距離　71
辺　70

● **ま行** ●

マイクロブログ　41
マッシュアップ　61

無向グラフ　71

モチベーション　92

● **や行** ●

有向グラフ　70

● **ら行** ●

利用目的　92
リレーショナルデータベース　3

レコメンデーション　44

● **欧字／数字** ●

Artificial intelligence　2
average path length　71

Big Five　106
blog　33
burst detection　84

CMC　95
collective intelligence　49
Computer-Mediated Communication　95

danmaku　37
danmu　37
degree　71
directed graph　70

edge　70
emotional contagion　103
emotions　101

Five Factor Model　106
folksonomy　35

graph 70

interest graph 78

motivation 92

N次創作 38
node 70

path length 71
personality 105

recommender systems 44

six degrees of separation 68
small world effect 68
small world experiment 66
small world phenomenon 68

SNS 38
social comparison 112
Social Networking Service 39
Social Network Service 39
social tagging 35

TAM 107
Technology Acceptance Model 107

undirected graph 71

Web 4
Web2.0 55
wisdom of crowds 49

5因子モデル 106
6次の隔たり 68

著者略歴

土方嘉徳
（ひじかた よしのり）

1996年	大阪大学 基礎工学部 システム工学科 卒業
1998年	大阪大学 大学院基礎工学研究科 物理系専攻 修了
1998年	日本アイ・ビー・エム株式会社 東京基礎研究所 先任研究員
2017年	関西学院大学 商学部 准教授（現在に至る）
	博士（工学）
	専門分野：ウェブ情報学・サービス情報学

Computer and Web Sciences Library=8
Webでつながる
ソーシャルメディアと社会/心理分析

2018年12月25日© 　　　　　　　初 版 発 行

著 者　土方嘉徳　　　　発行者　森平敏孝
　　　　　　　　　　　　印刷者　小宮山恒敏

発行所　**株式会社 サイエンス社**
〒151-0051　東京都渋谷区千駄ヶ谷1丁目3番25号
営業　☎(03)5474-8500(代)　振替 00170-7-2387
編集　☎(03)5474-8600(代)
FAX　☎(03)5474-8900

印刷・製本　小宮山印刷工業（株）
《検印省略》

本書の内容を無断で複写複製することは，著作者および出版社の権利を侵害することがありますので，その場合にはあらかじめ小社あて許諾をお求めください．

サイエンス社のホームページのご案内
http://www.saiensu.co.jp
ご意見・ご要望は
rikei@saiensu.co.jp　まで．

ISBN 978-4-7819-1436-7

PRINTED IN JAPAN

―=―=― Computer and Web Sciences Library ―=―=―

コンピュータのしくみ
近　刊

コンピュータを操る
近　刊

コンピュータで広がる
近　刊

コンピュータに問い合せる
―データベースリテラシ入門―
増永良文著　２色刷・Ｂ６・本体1600円

コンピュータが考える
近　刊

＊表示価格は全て税抜きです．

―=―=―=―=― サイエンス社 ―=―=―=―=―

---- Computer and Web Sciences Library ----

Ｗｅｂのしくみ　　　　　　　　　近　刊

Ｗｅｂで知る　　　　　　　　　近　刊

Ｗｅｂでつながる
　―ソーシャルメディアと社会/心理分析―
　　　土方嘉徳著　　２色刷・Ｂ６・本体1500円

＊表示価格は全て税抜きです．
---------- サイエンス社 ----------

ソーシャルコンピューティング入門
－新しいコンピューティングパラダイムへの道標－
　　　　　　　増永良文著　2色刷・A5・本体2400円

メディアリテラシ
　　　　　植田・増永共著　2色刷・A5・本体2500円

情報倫理ケーススタディ
　　　　　　　静谷啓樹著　A5・本体1200円

最新・情報処理の基礎知識
－IT時代のパスポート－
　　　　　　　古殿幸雄編著　B5・本体1950円

コンピュータと情報システム[第2版]
　　　　　草薙信照著　2色刷・A5・本体1900円

情報処理 [第3版]　Concept & Practice
　　　　　草薙信照著　2色刷・A5・本体2000円

＊表示価格は全て税抜きです．

サイエンス社